CB081600

COLETIVO
MÃES ESCRITORAS

PARA QUANDO VOCÊ PRECISAR DE COLO

*um livro de cartas
de mães para mães*

Editora InVerso
® 2022. Editora Inverso

R. Doutor Goulin, 1523 Alto da Glória
CEP 80040-280 Curitiba-PR
(41) 3254-1616 e (41) 3558-8001
editorainverso@editorainverso.com.br
www.editorainverso.com.br
Facebook.com/editorainverso
Instagram @editorainverso

COORDENAÇÃO EDITORIAL
Cristina Jones
Editora InVerso

CAPA, PROJETO GRÁFICO E DIREÇÃO DE ARTE
Adriane Baldini

REVISÃO
Carlos W. Jorge

DADOS INTERNACIONAIS DE CATALOGAÇÃO NA PUBLICAÇÃO (CIP)
Mona Youssef Hammoud – CRB/ 9ª 1393

Z94p

ZUCCHERATTE, Stephanie Rocha Alípio *[et.all]*
Para quando você precisar de colo: Um livro de cartas de mães para mães. Curitiba.: Ed. InVerso, 2022
250 p. 15 x 21 PTBR

ISBN: 978-85-5540-256-2

1. Ensaios. 2. Maternidade. 3. Experiências. 4. Família.
5. Cartas. I. Título

CDD: 869.341

Ensaios: 330.98 Maternidade: 331.2

Ao adquirir um livro, você está remunerando o trabalho de escritores, diagramadores, ilustradores, revisores, livreiros e mais uma série de profissionais responsáveis por transformar ideias em realidade e trazê-las até você. **Todos os direitos reservados.** É proibida a reprodução total ou parcial de qualquer forma ou por qualquer meio. A violação de direitos do autor (Lei 9.610/98) é crime estabelecido pelo artigo 184 do Código Penal.

ASSOCIADO CBL Câmara Brasileira do Livro
brazilian publishers

PREFÁCIO

Eu sempre fui apaixonada por cartas. Sempre amei receber e enviar. Eu me lembro do coração acelerado quando o porteiro do condomínio em que eu morava dizia que tinha chegado uma carta pra mim. Eu saía correndo em direção à portaria. Lembro da sensação de alegria, do vento no rosto enquanto eu corria, e da ansiedade boa de poder abrir a carta e finalmente ler.

Tenho uma caixa cheia de cartas antigas e amo a experiência de abri-la. Elas trazem cheiros, lembranças. Infinitas delas. É como se eu tivesse entrado em uma máquina do tempo.

Carta é memória afetiva, é remédio pra alma! É abraço, palavra que conforta! É história de uma fase, é dizer que eterniza.

Na mesma medida que amo cartas, eu amo escrever para mães. Conseguem entender como estou apaixonada por este livro? Que ideia genial!

Vocês não podem imaginar a alegria que eu sinto em saber que mães vivendo fases tão diferentes, momentos tão distintos, poderão ter acesso a essas cartas. Vocês não podem imaginar a alegria que é saber que mulheres que me dizem que eu as inspiro criaram algo tão profundo, tão bonito!

"Queremos oferecer colo, mesmo, como apenas as mães sabem fazer, e em momentos que sentimos que gostaríamos de ter recebido esse colo." A gente que é mãe, e que está um pouco mais à frente na jornada, sabe os momentos que doem e onde moram os desafios! Por isso este livro é tão incrível e cada carta que o habita é preciosa!

Para você o que eu posso dizer é: devore-o! Aproveite todo o amor que foi costurado aqui, em cada detalhe.

Este livro é na verdade a junção de cartas de amigas que você nem sabia que tinha. É... A sororidade na maternidade tem dessas coisas! Não tenho nenhuma dúvida de que se você seguir em frente ele fará parte das memórias afetivas da sua maternidade!

Sonhadora que eu sou, o meu desejo é que o pombo-correio leve para cada mãe que nasce um exemplar deste livro! Eu acredito com todas as forças no que eu sonho e sei que suas 23 mães autoras também!

Thaís Vilarinho
Autora do Mãe Fora da Caixa

INTRODUÇÃO

Querida leitora,

Este livro foi baseado em fatos amorosos, pensado e escrito com muito carinho e cuidado por 23 mães que reuniram doçuras, evitaram palavras absolutas e contaram histórias antigas e diversas que confortam as dores que nascem junto com nossos bebês.

E, embora a maternidade seja única e cheia de deslumbramentos, buscamos por meio das palavras abraçar os desafios e acolher com delicadeza as feridas que surgem nesse processo.

Gostaríamos que este livro fosse um colo, e que ao abri-lo você pudesse encontrar conforto, compreensão e abraços quentinhos em cada sentimento escrito nestas páginas.

Que esta leitura seja companhia nas madrugadas solitárias, nos cochilos do bebê, que são respiros durante o dia, nas fugas ao banheiro que certamente você dará.

Sabemos que a maternidade é por vezes solitária, mesmo que estejamos rodeadas de amor e cuidado, e que algumas feridas podem se abrir. Mas esteja ciente de que tantas outras podem ser curadas ao mesmo tempo.

A maternidade, o puerpério e tudo o que acompanha o nascimento de um filho podem ser uma via de cura e ressignificação de quem fomos, de quem somos e de quem seremos após o tsunami de amor e dúvidas que invade a nossa vida sem pedir licença. Talvez seja um convite para que você venha a se conhecer.

Porém, gostaríamos de alertá-las de que os relatos encontrados nesta publicação são pessoais. Cada experiência é única. É passível de muita identificação, mas deixe de lado as crenças limitantes e saiba que "mãe não é tudo igual, e que seus endereços não são iguais". Cada parágrafo conterá histórias cheias de afetos cotidianos forjados em pele, ossos e emoções profundas.

Tenham em mente que algumas dores podem desencadear gatilhos inesperados no seu coração, e por isso, enfatizamos que este livro, apesar de acolher, não substitui, em caso de necessidade, aconselhamento e acompanhamento profissional. Isso não é de modo algum motivo para vergonha ou julgamentos.

Muitas vezes o amor pode precisar de remédio e do passo mais vagaroso do tempo para regenerar as feridas que surgiram após o parto. Se esse for seu caso, peça ajuda, grite, use sua voz. Nós só conseguiremos cuidar de alguém estando bem.

Você importa.
Seu bem-estar importa.
Receba este livro como um colo.
Aproveite sem moderação.
Contém vida.

Com amor,
As autoras

SUMÁRIO

Para quando o positivo chegar

De: Natália Nery

Para: ***Uma gestante***

Querida gestante,

Me conta, de quantas semanas estamos por aí? Aliás, você já se acostumou a fazer a contagem em semanas e não em meses? E você também não aguenta mais explicar para as suas tias sobre essa conversão maluca? E quando você fala que são 40 semanas e que isso dá 10 meses? Elas quase vão à loucura! É, mas é bem louco mesmo. Provavelmente a gestação é a viagem mais louca que você já fez até agora, e a mais paradoxal também. São muitas novidades, muitas dúvidas, muitos hormônios e tudo parece estar à flor da pele.

Você chora sem motivo e grita com o marido por menos motivo ainda! Você anda extremamente irritada e esquecida. Parece que, conforme a sua barriga cresce, o seu cérebro diminui. Talvez você seja daquelas que vomitou as tripas e o coração nos primeiros meses, que não podia sentir o cheiro da colônia do marido que já embrulhava o estômago antes mesmo de levantar da cama, que passou tão mal que se perguntava como podem existir pessoas que dizem que "gravidez não é doença"? Pois naquele momento você se sentia mais doente do que grávida. Eu sei, você também não para de ir ao banheiro — parece que cada gole de água que toma precisa sair quase que imediatamente da sua bexiga. E também tem os seios doloridos, a enxaqueca, as espinhas no rosto (que você não via desde a adolescência), o sono extremo e até aquilo que você nunca imaginaria, os fatídicos gases. Acredite, até o final da gestação isso piora um pouquinho, mas até lá você não dará mais tanta importância para eventuais "escapes".

Pode ser que você seja daquelas sortudas que não sentiu absolutamente nada no começo da gravidez e passou os primeiros meses se esquecendo de que carregava uma vida dentro do ventre. Aliás, até realizar o primeiro exame e ouvir aquelas batidas fortes de um coraçãozinho tão minúsculo, você estava duvidando se realmente existia algo dentro de você. Mas depois desse momento algumas coisas passam a mudar, principalmente as preocupações. Posso ouvir seus pensamentos nas madrugadas insones: "Será que vai ficar tudo bem? Será que vai nascer saudável e com todos os dedinhos dos pés?" E as conjecturas não param por aí. Logo você começa a se questionar sobre o tipo de parto, sobre o hospital, e até se interessa por saber mais sobre parto em casa. Tem o tal do "humanizado", de que se vem falando muito; quando você pesquisa mais sobre isso, quase surta, tamanho o seu estranhamento de saber que existe muita violência obstétrica por aí, e é muito mais comum do que se pode aceitar. E de repente você se sente pressionada e cobrada por ter de começar a tomar atitudes e a fazer escolhas para as quais você não estava preparada. Você vai percebendo que essa é uma etapa em que a vida nos faz pensar em dobro, e temer em dobro, afinal não estamos mais falando somente de nossas próprias vidas. Há uma nova vida em formação, e ela é de sua total responsabilidade. Aliás, essa palavra imensa (e pesada) começa a tomar conta da sua mente mais do que você gostaria, e isso lhe traz uma ansiedade nunca antes experimentada. E se você é do time que já era ansiosa antes, então vai saber que não há limites para esse sentimento.

Se esta for a sua primeira viagem, você também deve estar demasiadamente preocupada com tantas opções diferentes para qualquer assunto relacionado a bebês. Berço, caminha Montessoriana ou cama compartilhada? Amamentação em livre demanda? Chupeta e mamadeira não pode mais? Sling ou carrinho? E todos os modelos de bebês-conforto e cadeirinhas para o carro? E a alimentação, BLW ou papinha? Disciplina positiva? Uso de telas? A lista é infinita.

E o curioso é que todas as pessoas deste planeta têm uma opinião certeira sobre todos os assuntos. Inclusive aquelas que não têm filhos! E você será bombardeada de achismos e experiências catastróficas por todos os lados. Acredite, a intenção das pessoas é a melhor possível, e elas têm plena certeza de que estão ajudando, mesmo parecendo muito mais invasivas e agressivas do que de costume. E eu posso ver a sua cara de espanto e o seu desejo de se enfiar em um buraco de silêncio e paz. Eu sei, chega a ser desesperador. E o mais estranho é que todos têm algo a lhe dizer, mas quase nunca querem ouvir você. A maioria das pessoas espera que você não fale muito sobre esses sentimentos ambíguos que vem sentindo; a essa altura, também esperam que você já esteja completamente apaixonada pelo seu filho que nem nasceu. E pode ser que você realmente já esteja, mas também pode ser que não, e tem muita vergonha de falar isso, então você finge que sim. O que é triste, pois você deveria ouvir que é absolutamente normal não sentir aquele amor todo durante a gestação; inclusive, nem ao nascer! É bem mais normal do que pintam por aí, acredite. Tampouco querem ouvir sobre suas dúvidas, sobre os seus medos, sobre como se sente estranha e despreparada. Parece que todos só sabem lhe dizer que você vai saber o que fazer, que basta deixar na mão de Deus e o melhor acontecerá sempre. Mas você é bem mais controladora do que isso e custa a acreditar que não precisa ir atrás de certas garantias, para no mínimo deixá-la mais tranquila. Por isso lhe digo que, antes de mais nada, ouça o seu coração. Tente olhar para dentro e sentir a sua intuição. Leia, estude, pesquise, questione, pergunte. Você tem o direito de saber sobre tudo! Não hesite em tirar qualquer uma das suas dúvidas, seja com o médico, a parteira, e enfermeira, no grupo de mães, na roda de preparação para o parto, no curso de amamentação. Busque o máximo de informações até que você se sinta mais confiante e empoderada. Toda essa informação não lhe ensinará a ser mãe, mas lhe dará um norte. E isso é muito mais importante do que qualquer chá de bebê ou do que todos os sapatinhos fofos que você está ganhando (eles são lindos, mas totalmente inúteis, vai por mim!).

Eu não posso lhe garantir que, de algum modo, você estará totalmente preparada para ser mãe; provavelmente nenhuma de nós estará até que finalmente nos tornemos uma. Mas o que eu posso dizer como uma pessoa que já passou dessa fase é que eu também não sabia ser mãe, mas aprendi sendo. E continuo aprendendo todos os dias. Muitas vezes errando mais do que acertando, mas todas as vezes tentando. E você vai descobrir a sua própria maneira de maternar. Desde parir, amamentar, cuidar, ninar, colocar para dormir, alimentar até quando seu bebê começar a andar, a falar e a andar de bicicleta.

E caso você esteja na reta final, fique sossegada, eu não vou fazer aquela maldita pergunta que você não aguenta mais ouvir: "E aí, já nasceu?" — Ranço! Só quem já chegou à fase de 'ordem de despejo' da cria sabe o quão chato é ter que responder a esse questionamento.

No mais, eu desejo que você tenha uma gestação tranquila (dentro do possível), que você se lembre de tirar muitas fotos (mesmo que seja daquelas que está odiando estar grávida e se sentindo a própria lua em pessoa: grande, gorda e imensa), e não se esqueça nem por um segundo de que o seu corpo é maravilhoso e potente, afinal, você está fabricando um outro ser humano dentro de si. Um ser humano completinho, com todos os órgãos, membros, e até cílios! E que esse é o trabalho mais lindo do mundo; você cedeu o seu corpo para gerar outra vida, e não há nada mais nobre do que isso. Orgulhe-se de si! Ser casa é difícil, cansativo e dá muito medo mesmo, mas também é magnífico. Parabéns, mulher! Mesmo sem se dar conta, você já é o melhor lugar do mundo para o(a) seu(sua) filho(a). E ele(a) já te ama do jeitinho que você é.

Um beijo e um abraço apertado em você, minha querida!

Com carinho,

Natália

Para quando chegar a hora de conhecer seu bebê

De: Stephanie Alipio

Para: ***Uma mãe que viveu um parto difícil***

Oi, amiga, como você está?

Espero que esteja se recuperando bem. Soube que viveu momentos difíceis no parto do seu bebê. Sinto muito! Eu gostaria de estar ao seu lado para te abraçar, te dar o colo que precisa e te ajudar de alguma forma a processar tudo, ainda que fosse te dando o tempo para fazer isso.

Já que não posso estar aí, te escrevo na esperança de que minhas palavras possam levar o colo que eu gostaria de te dar. E que, ao compartilhar a minha experiência, de alguma forma eu possa te acolher.

Amiga, eu sei que apesar de termos vivido experiências parecidas, não foram iguais, e também não somos a mesma pessoa. Não precisamos trilhar os mesmos passos, seguir o mesmo rumo ou sequer concordar. Ainda assim, eu acredito que esta carta precisa chegar até você. Digo isso, porque eu gostaria que tivesse chegado até mim neste mesmo momento que você está vivendo.

Você tinha medo do parto? Arrepios só de pensar? Quando comentavam sobre ele, sua vontade era mudar de assunto imediatamente? Comigo foi assim! Apesar disso, nos informamos e acreditamos que estávamos preparadas.

Só que a maternidade é uma caixinha de surpresas, e a vida também, né? É impossível prever as reviravoltas que nos esperam, e eu sei, não tem como estar preparada pra tudo, muito menos para o que vivemos. Mas no fundo eu sempre senti que devia ter feito mais, ou ter feito diferente, eu poderia... e se...

Ah, o "e se..."! Vamos mandá-lo para longe por ora, porque ele não existe e não nos ajuda em nada!

Sabe? No final, não se trata exatamente do que aconteceu, então o tal do "e se..." não é relevante. O que realmente importa é o que sentimos e como isso nos marcou. É com isso que precisamos lidar, amiga!

Lembro-me daquela conversa em que comentamos que não era possível que médicos ainda conseguissem enganar pacientes com a tal história de cesárea por bebê grande ou qualquer outra desculpa sem respaldo científico. O que eu não imaginava é que eu ouviria isso da minha obstetra nas últimas semanas da gravidez.

Como você, também fui antes da hora para o hospital, e assim demos chance ao azar, não é mesmo?

Comigo o protocolo de intervenções começou junto com a internação, indução e altas doses de medicamentos. As contrações, antes seguindo seu ritmo natural, preparando o corpo, agora eram violentas, intensas e muito pesadas para um corpo que já carregava todo o peso do fim da gestação.

Diante da evolução lenta (para eles), mais medicamentos, toques contínuos, diferentes profissionais a cada hora; sabe tudo aquilo que a gente acha que nunca vai nos acontecer, porque a gente se informou?

Lembro-me de você falando que quando foi para o bloco cirúrgico teve uma sensação de abandono e distanciamento. Senti o mesmo!

Puxos dirigidos, exaustão, enfermeira empurrando minha barriga, sem opção de escolher a posição. Uma dor insuportável, a médica havia me cortado. Mesmo eu avisando que não havia mais efeito da anestesia, ela realizou uma episiotomia sem sequer me avisar. Não senti mais nada, só dor. Meu filho nasceu, e por alguns segundos ele esteve em cima de mim, sem choro; o silêncio pairou no ar, até que ele chorou. Apgar 2 foi o que ele recebeu, mas só descobrimos isso no momento da alta. Afinal, éramos só os pais — os profissionais não precisavam nos informar nada, não é mesmo?

Nossos filhos foram sobreviventes, amiga. Como concordei com você quando disse isso!

Eu me senti culpada durante muito tempo, por não ter me empoderado, tomado as rédeas, lutado pelo que queria. Se está sentindo isso também, lembre-se de que ali, naquele momento, estávamos mais vulneráveis que nunca, não tínhamos forças para lutar. A equipe médica é quem deveria assumir o papel de cuidadores humanizados, entendendo a delicadeza de um parto, atentos ao melhor para nós e nossos bebês.

Para eles, até poderia ser só mais um parto a realizar naquele dia de trabalho. Mas para mim e para você era o único, o nosso primeiro encontro, o nosso momento. E ele foi destruído com intervenções desnecessárias e cientificamente ultrapassadas, pela postura fria e distante de profissionais que se esqueceram de que ali do outro lado existem pessoas que precisam de um olhar acolhedor, que merecem explicações, e que têm direito à escolha, e principalmente ao respeito.

Eu não sei exatamente os detalhes do que você viveu, amiga, nem com quais sentimentos está lidando, mas eu preciso te dizer: o resultado do seu parto e como seu filho nasceu não definem o seu maternar, a sua força, a sua coragem, nem o seu amor pelo seu filho.

Ao mesmo tempo, preciso te dizer, está tudo bem não estar bem com o que você viveu. Está tudo bem sentir-se frustrada, decepcionada, angustiada, com raiva, triste, alegre ou agradecida.

A gente não tem que se sentir bem só por não ter vivido uma "dor maior", ou não viver uma tragédia; isso não nos tira o direito de sofrer, não deslegitima a nossa dor — não se esqueça disso!

Como uma bola de neve, vi meu puerpério e a amamentação descendo ladeira abaixo. Minha angústia ia agarrando tudo e crescendo dentro de mim, me impedindo de viver em plenitude o que eu poderia estar vivendo com meu filho. Não quero que isso aconteça com você, e esse é o principal objetivo desta carta.

Amiga, se precisar chorar, chore! Não guarde suas lágrimas, sua raiva, sua dor, o seu luto.

Eu sei que já falei demais, mas eu queria te contar que poderia, sim, ter sido diferente, e a principal diferença quem faz são os profissionais.

Eu sei que o parto é nosso, não estou terceirizando nada. O parto, claro, caso não haja intercorrências, deveria ser guiado pelo corpo, pela mulher e sua vontade, e no meu caso foi um divisor de águas ter profissionais que concordassem com isso.

Quando engravidei pela segunda vez, eu sabia que não queria correr o risco de viver novamente o desamparo que senti. Por isso busquei uma equipe para estar ao meu lado.

É um baita privilégio, para poucas, eu sei, ter uma equipe pra chamar de sua... Da primeira vez, não era um privilégio que cabia no nosso orçamento, mas com esforço a gente abriu mão de tudo que pôde para que isso fosse possível na segunda gravidez.

Deveria ser direito de toda mulher um parto humanizado, uma doula, alguém que zelasse pelo seu bem-estar; mas sei que é algo muito distante do que vivemos. Há mulheres que nem os parceiros ao lado conseguem, não é mesmo?

Minha segunda caminhada foi tão diferente! Chegamos ao hospital na hora certa, acompanhados das mulheres que escolhi, e dessa vez nada daquela sala cirúrgica que eu tanto temia — sabia que isso é possível? O parto de uma gravidez tranquila, bem assistido, não precisa de tudo aquilo que pintaram pra gente.

Rodeada de amor, acolhimento, bom humor e leveza. De mãos dadas com aquelas profissionais que caminharam ao meu lado, lembrei-me de que não deveria lutar com as contrações, e entendi de fato o que quer dizer "o corpo sabe parir", "o parto é fisiológico", até que já não ouvia mais vozes, só sentia. Sentia meu corpo tremer inteiro, sentia coisas impossíveis de explicar.

Não sei se foram dois ou três puxos e ali estava ele nos meus braços, aos berros como manda o figurino, à 1h05min do dia 25 de dezembro: ali estava meu menino. Eu saí dali revigorada, renasci e entendi que tem, sim, um jeito lindo de nascer. Que parir dói, mas não precisa causar cicatrizes além daquelas no próprio corpo.

Sabe, amiga? Meu sonho é que todas as mães possam viver uma assistência respeitosa e humanizada, como merecem, independentemente da via e das condições do parto; que sejam acompanhadas por profissionais qualificados, dispostos a proporcionar uma experiência leve e acolhedora. Sinto tanto que tenha passado por tudo que passou, mas não carregue sua experiência como um peso. Conheço seu sonho de ter mais filhos, e nada do que aconteceu precisa se repetir.

Já me prolonguei muito. Eu só queria te dizer que você tem o direito de sentir o que quer que esteja sentindo, e tem direito de lidar com seus sentimentos no momento que achar melhor. Mas, se eu puder te dar um conselho — que considero muito presunçoso da minha parte, mas gostaria de dar mesmo assim — é: sinta mesmo, sinta tudo, e aí deixe ir.

Se acolha, se perdoe, se ame, se aceite e siga em frente. A maternidade ainda lhe apresentará muitos outros partos, muitos outros momentos que vão te mudar para sempre, deixar marcas profundas, abrir feridas e te mostrar quão poderosa e forte você é. Abrace cada um deles, viva intensamente!

Em todos esses momentos estarei aqui, sempre que precisar ou quiser. Conte comigo!

Um grande abraço de sua amiga que lhe quer muito bem,

Stephanie

De: Malu Botta

Para: ***Uma mãe que acredita que não pariu***

Minha querida,

Hoje eu te escrevo para dizer que as dores que sentimos não nos definem; são como ondas que vêm inundando nossos pensamentos com um turbilhão de emoções, mas que em algum momento vão embora deixando um mar claro sob nossos pés.

Penso que estou curada, mas talvez eu nunca esteja. É que a dor tem dessas coisas, aprendemos a conviver com ela e fica menos difícil, mas em um segundo ela pode te invadir de novo como se fosse a primeira vez.

Você ressignifica, conta a si mesma mil e uma histórias, mas a verdade é que essa dor existe, e quando ela vem não resta nada a fazer a não ser abraçá-la. Acolher e esperar que ela passe por mais algum tempo. Acontece comigo: todas as vezes que vejo uma mulher parindo, todas as vezes que vejo como é maravilhoso o que a natureza faz, todas as vezes que vejo como eu queria ter trazido meus filhos ao mundo e não aconteceu.

Quero que saiba que eu me perdoei, me perdoei por não ter todas as informações, eu me perdoei por não ter rebatido as opiniões, eu me perdoei por ter acreditado naqueles que tinham um diploma para me convencer. Eu me perdoei, mas não esqueci; não me esqueço das injeções a da minha mão dolorida incapaz de acariciar meu bebê quando nasceu.

Eu não me esqueço das luzes, eu não me esqueço da manobra que fez com que ele nascesse com a boquinha machucada. Eu não me esqueço das risadas, da conversa, e não me esqueço de não ter sentido quando ele nasceu. Doeu, aquela dor que anestesia não tira. Doeu a desinformação, doeu a falta de humanidade da médica, doeram todas as dores que não senti para trazer meu filho ao mundo.

A segunda vez, doeu menos. Eu não precisei me perdoar, nem perdoar a médica. Nós duas fizemos tudo o que podíamos. A segunda vez também não teve dor, não a dor que traz um filho ao mundo. Mas ainda assim teve a dor da alma. A dor de quem não teria outra chance, a dor de quem tentou tudo o que podia, mas não deu.

A segunda vez teve respeito, teve meia-luz e silêncio imposto pela médica, teve pouquíssima medicação, teve bebês no peito logo que nasceram, por bastante tempo.

Teve tudo isso, mas faltou. Faltou aquilo que nunca poderei vivenciar, e isso ainda dói.

Por muito tempo eu me senti incapaz de parir quando eu não pari meus filhos, e eu deixei de parir muitas coisas depois. Então por muito tempo nada que dependesse de mim foi parido; projetos, sonhos e vontades continuaram aqui trancados porque eu não podia pari-los. Até que eu entendi que a minha história não é sobre dor, mas sobre doar.

Talvez a cura seja entender que a minha dor pode ajudar outras mulheres, talvez a cura não esteja ligada a parar de doer, mas sim a doar meu tempo, minhas palavras e meu amor para que mais mulheres se curem, se empoderem, se entendam, se bastem e se orgulhem das mães que são, das mulheres que são.

Para que mães como você, minha querida, entendam que a dor não as define, a dor as transforma, a dor faz apreciar os momentos de água cristalina.

Eu ainda sinto minhas costas na maca gelada, e meus olhos ainda doem quando me lembro da quantidade de luzes sobre mim no primeiro parto; o nó na garganta ainda está ali. E quando ele aperta, eu choro. Porque chorar alivia a alma, chorar leva a onda embora. Chorar é preciso porque o choro acomoda as minhas dores dentro de mim. Enquanto eu tentava apagar as minhas maiores dores eu não era livre para ser quem sou. E inteira que sou, não posso deixar nenhuma das minhas dores para trás. Elas são necessárias, aquecem o motor que me faz parir tudo o que eu quiser. Elas são parte da engrenagem mais potente que tenho dentro de mim. Então, hoje, ao invés de não as sentir, eu as acolho. E estou parindo, ah! eu estou parindo em cada texto, em cada linha, em cada palavra. Em cada mulher que se sinta ajudada, acolhida e abraçada, eu estou parindo. Estou parindo um milhão de filhos, estou parindo sonhos, estou parindo sorrisos, eu estou parindo vida aqui.

E se eu puder te dar um último lembrete, demore-se nos momentos de águas cristalinas, e quando a onda se for, deguste, aprecie e se deleite nesse momento de clareza de si.

Com carinho,

Malu

De: Nina Kliewer

Para: ***Uma mãe que sonha em ter um parto domiciliar VBAC***

Querida,

Notei que você está chateada. Sei que no final da gestação temos muitos momentos de introspecção e reflexão, por isso decidi lhe escrever.

Lembro-me bem do seu primeiro parto. Um parto natural tão sonhado, em que você passou os nove meses se preparando tanto... Inúmeras leituras, conselhos, e atividades especialmente desenvolvidas para gestantes. Sem falar dos incontáveis relatos de parto e rodas de conversas de que você participou. Eu sei, você se sentiu tão preparada...

Quando chegou o grande dia, a alegria tomou conta. Finalmente seria o dia de realizar seu sonho. Mas as coisas tomaram um rumo tão diferente... Lembro como se fosse ontem. Aos poucos a alegria foi dando espaço para a incerteza. Que, por sua vez, foi substituída por insegurança. Ah, como ela é cruel! Vai nos tirando o chão aos poucos, até que nos sentimos completamente sozinhas. Quando percebemos, nada nem ninguém mais era capaz de nos tirar dali. A solidão era tudo o que conseguíamos enxergar, embora estivéssemos rodeadas de pessoas para tornar nosso sonho real. Você chorou, eu também chorei muito. Pelo vazio que sentimos, pela frustração que tomou conta de nós por nos sentirmos tão incapazes. Por não termos conseguido chegar aonde tínhamos nos determinado a chegar. Pela forma como fomos tratadas. Pelas palavras que ouvimos das pessoas ao nosso redor. Eu sei, você chorou mais, muito mais, por não poder ter dado ao seu bebê a experiência de nascer de forma natural. Eu também senti, senti muito, por você e por mim.

Nesses anos, o que te fazia sorrir diariamente era ver seu bebê sorrindo feliz e se desenvolvendo tão bem. Mas a dor da frustração seguia te incomodando. Eu também não me sentia em paz. Até que percebi que a dor era por mim e não pela experiência em si. Decidi mudar. E vi que você fez o mesmo. Transformamos tudo o que doía e toda a frustração. Passamos por uma verdadeira metamorfose, e transferimos toda essa energia para algo que fizesse sentido. Força e autoconfiança. Era isso que você precisava, e eu também.

Com o passar dos meses, você criou coragem. Sentia que precisava passar por tudo aquilo de novo. Aquele mesmo desafio, sem saber qual seria o desfecho final. Você se sentiu pronta para confrontar seus medos. Revisitar aquela experiência. No auge da sua coragem, veio o resultado positivo do teste de gravidez. Que alegria! Você vibrou com a nova oportunidade... eu também.

E agora vejo um mundo de questionamentos e incertezas passando pela sua cabeça. Mas, sabe?, desta vez tudo pode ser diferente. Você está preparando a sua mente, e não só um enxoval. Você está se informando e amadurecendo todas as possibilidades com a sua obstetra. Está se abrindo e se permitindo viver o novo, o incontrolável. Desta vez você já sabe exatamente o que vai fazer desde o início. Vai se ouvir, ouvir seu corpo, sua alma, mas principalmente seu coração.

Logo após a confirmação da gravidez, eu comecei o pré-natal para um parto domiciliar. Parecia loucura? Não, em nenhum momento. Eu sabia do que era capaz, e precisava de pessoas que também enxergassem isso em mim.

O pré-natal nos ensina tanto... Enxergamos todas as peças que haviam faltado no primeiro parto. Tomamos autoridade sobre o parto. Unimo-nos como um casal forte, que confia um no outro e se apoia. Mas o principal é você acreditar em si. Ter a certeza de que é capaz de parir e que seu bebê sabe o que fazer para nascer. Eu sei, parece clichê. Mas é a sabedoria das anciãs, das parteiras, que auxiliavam tantos partos. Você vai descobrir que você precisa de uma aldeia. Estar rodeada de pessoas que confiem no seu potencial. Pouco a pouco, a sua tribo vai se formando. Ah, a potência feminina! Eu me senti mais forte do que nunca e mais preparada do que jamais estive.

Até que chegaram as 42 semanas de gestação e meu mundo desabou. Comecei a questionar minha trajetória. Será que mais uma vez eu iria acabar em um parto hospitalar induzido? Sentei-me na cama e me lembrei do principal: ouvir meu coração e permitir me abrir com meu bebê. Contei para ele tudo o que estava guardado no mais íntimo do meu ser. Ele me ouviu. Meu corpo me ouviu. E imediatamente ali, naquele momento, começou o nosso momento, da maior sintonia que senti em toda a minha vida. Dois corpos pulsando e vibrando com a mesma energia. Nosso momento. Só meu e dele. Você pode sentir toda essa conexão.

Ter o privilégio de saber que eu poderia ficar ali em casa me fez sentir tão livre e conectada, que a primeira vontade que tive foi tirar toda a minha roupa. Ficar despida de todas as minhas amarras, que carreguei por tantos anos. Entrei no chuveiro e ali fiquei por horas e horas. Talvez lavando tudo o que não servia mais para mim. E uma vontade de vocalizar invadiu meu corpo. Colocar para fora através da minha voz toda a minha força, todo o meu instinto, toda a minha potência. Tão carnal e ao mesmo tempo tão celestial! Como amei sentir essas duas potências se permeando! Tenho certeza de que jamais me esquecerei dessa sensação. Uma cascata hormonal fluindo livremente, pelo fato de poder estar ali, no meu ninho.

Pode ser que você fique exausta. Talvez você precise entrar na banheira para descansar e dormir. Acredite, é possível descansar e voltar com força total. Lembro-me de me olhar no espelho e a pergunta que me veio foi: "Por onde você andou nestes anos todos?" Nesse momento tive a certeza de que me reencontrei. E tenho certeza de que você pode se reencontrar.

Reencontrar a menina que sempre foi forte e determinada. A menina que sabia exatamente o que queria. A menina que nunca precisou de ninguém para se sentir capaz. Quando olhar para a sua tribo, ela estará lá, te assistindo no sentido literal. E você pode descobrir que quem acabou de nascer dentro de você foi a sua menina, que se transformou em mulher. E quando pegar seu bebê no colo, quentinho e molhado, poderá sentir a alegria e a vibração da sua vitória. Vitória sobre você mesma, sobre seus medos e inseguranças. Vitória sobre o controle dos seus pensamentos e sentimentos. E aquela sensação talvez jamais seja esquecida por você, e por mim.

Quero muito que você saiba que muitas vezes o desfecho vai parecer o mesmo da sua primeira experiência. Mas não é. Não é, porque o caminho que você está percorrendo, de autoconhecimento e amadurecimento, já te levou a outro lugar. Lugar onde a solidão e a insegurança já não são mais protagonistas. Lugar onde o medo já não te tira mais sua força e determinação. Você pode ter certeza de que a mulher que nascerá junto com o seu bebê é a grande mulher que sempre esteve dentro de você, apenas esperando o momento certo de nascer. Esperando por mim e por você.

Você saberá o que fazer, você saberá se ouvir. E quando isso acontecer, não se esqueça de me escrever.

Um abraço carinhoso da sua amiga, que escolheu fazer parte da sua tribo,

Nina

PARA QUANDO O INÍCIO NÃO FOR COMO O ESPERADO

De: Ursula Coli

Para: ***Mãe de UTI, uma leoa ferida***

Querida mãe de UTI,

Eu sei que você não queria estar lendo esta carta, e acredite, eu também não queria estar te entregando. Sei que não era o esperado. Pelo menos não com o *seu* bebê. Eu mesma não sabia da existência de UTI neonatal até ser internada em uma. Concordo que seria melhor que nem existissem, mas, se não existissem, nossos bebês não teriam chance.

Eu também me senti fraca, insegura, assustada, preocupada, triste, envergonhada e com medo. Com muito medo. Medo da minha impotência, de não poder fazer mais. Medo de deixar meu bebezinho, que ainda era uma extensão de mim mesma, naquela caixinha — incubadora — sozinho. Medo de confiar em médicos e enfermeiras. Medo de saber o real motivo de estar ali. Medo de perguntar quando iríamos sair... Poderia haver respostas que eu não estava preparada para ouvir.

Junto com toda mãe nasce uma leoa pronta a defender e criar seus pequenos leões. Quando entrei na UTI, me senti uma leoa ferida e acuada no fundo da jaula sendo separada de seu filhotinho tão indefeso.

O sentimento de injustiça é real. Não é justo um bebezinho com fios ligados a seu pequeno corpinho. Não é justo os pais verem isso. Não é justo os avós e toda a família ansiosa não poderem conhecer o bebê. Não é justo esse aperto no coração ao ver um ser tão inofensivo ter que ser tão forte e preparado para essa situação.

Respira! É assim que nos sentimos mesmo. Vamos combinar que na UTI está permitido sentir tudo: raiva, tristeza, medo, se sentir injustiçada, despreparada e desesperada. Sentir todas as emoções que vierem. São todas válidas. Dê a si esse tempo, você não precisa entender tudo. Acolha-se; sei da aflição de se sentir menor do que aquele bebê e precisar de colo tanto quanto ele.

Acredite, sua leoa não está morta, está apenas reavaliando a situação, estudando as opções e escolhendo os caminhos. Ela vai ressurgir e trazer toda a força de que você precisa. Olhe para o seu filho, um pequeno guerreiro lutando pela sua vida desde novo. Sua leoa sabe da importância de permanecer forte para apoiá-lo, e assim a sua força também cresce. É uma via de mão dupla.

O ambiente da UTI não é dos mais acolhedores. Assustam as paredes cor gelo, os canos de *Ar, Oxigênio* e *Vácuo* rodeando a sala, a luz fria e direta em excesso, o silêncio ensurdecedor invadido apenas pela sintonia de 'bips' dos monitores.

A rotina da UTI também pode ser limitante. Alimentar o bebê exatamente de 3 em 3 horas com mililitros predefinidos com o que esteja disponível: leite de peito ordenhado ou fórmula, totalmente independente da sua opção. Pouca, ou mesmo zero participação sua nas trocas de fraldas, corte das unhas, escolher as roupas ou mesmo colocar para dormir do seu jeito. Em alguns casos até o colo é limitado, mesmo você tendo a certeza de que seria o melhor lugar para o seu bebê.

Eu conheço esse sentimento de frustração, de falta de controle, de nada ser como você planejou. Em diversas situações eu tive de engolir toda a minha leoa rosnando alto dentro de mim para caber na sala da UTI. Posso te lembrar de uma coisa? No final das contas, nada disso é importante! O importante mesmo é você conhecer seu bebê. Conecte-se com ele, converse com ele, cante para ele, toque-o, pegue no colo sempre que possível. Tenha certeza absoluta de que seu bebê te ouve, te sente, te reconhece e precisa de você. Crie vínculo, memórias, histórias. Não fazia parte do plano, eu sei, mas não vai mudar o fato de que a vida dele começou desse jeito.

E, mesmo com o coração pequenininho e dilacerado por pensar que esse foi o começo da vida do meu bebê, eu tinha certeza de que era um treino. Pensa comigo: se ele já começou a vida assim, é para me preparar para o futuro, para a aventura de ser mãe de um leão corajoso e sem medos. Será daquele que cai de bicicleta e quebra o braço; que sobe em árvore e toma ponto no joelho; que perde dente andando de skate...

À medida que a internação se prolonga, vamos entendendo que a UTI neonatal é um limbo: a vida continua acontecendo normalmente lá fora; a morte que tanto tememos está do outro lado. É a UTI que divide um mundo do outro. Na UTI não há dias de sol ou de chuva, existem apenas os dias intermináveis. Não há roupas elegantes ou cabelos arrumados, só há roupa confortável e cabelos amarrados para um dia longo ao lado da incubadora. Não há fotos de bebês nus em cobertores felpudos, há fotos com flash estourado na caixinha, fios aparecendo e lençóis com a logo do hospital. Porém, mesmo na UTI, continuam existindo os sorrisos dos bebês. Que trazem consigo os sorrisos das mães. Lembre-se de celebrar a pequena vida que ali está. Continua havendo a evolução do bebê, com mais horas acordado, interação e gracinhas. Continua havendo fé, esperança e amor.

Tente ser paciente com os parentes e amigos que não quiserem visitar. Acredite, não é falta de amor, porém nem todo mundo está pronto para ver a vulnerabilidade de um leão guerreiro. As pessoas querem vê-los fortes, inteiros e no pedestal, e é difícil aceitar que também são frágeis e mortais.

Confie no seu instinto. Pergunte, observe, entenda o que está acontecendo, mesmo com todos os termos médicos difíceis para leigos e mães. Ouça o que os especialistas dizem, mas não se esqueça de ouvir também o seu coração. Se pensar que algo poderia ser diferente, converse, fale, levante seu ponto.

Não se esqueça de todos os dias renovar a sua força: tente dormir, olhar o céu, comer um almoço quentinho. Acolha a si: chore, fale, escreva; descarregue, para voltar melhor e mais completa. Lembre-se de inundar a sua cabeça e coração de pensamentos positivos e de fé.

Meu mantra para meus dias de UTI era "um dia de cada vez". Haverá dias em que você sai desconsolada, com diagnósticos pessimistas dos especialistas e prevendo o pior dos futuros. No dia seguinte um exame chega, muda o cenário e seu bebê terá uma vida longa e brilhante. Você, que estava miserável, se sente ridícula de ter sofrido tanto, de ter duvidado um minuto do seu filho, de você, do seu Deus. Até o próximo dia (ou antes), os mesmos especialistas pedem mais exames e alguns dias extras de paciência... A frustração e a confusão de sentimentos são reais.

O coração da mãe leoa fica angustiado, sangrando, escorrega para o pé, quer sair pela boca... Minutos depois, fica leve, alegre, corajoso, se enche de esperança e se fortalece, fica em paz. Essa é a vida na UTI. Sim, é uma vida, pois as horas parecem dias, e semanas parecem meses. Exames colhidos pela manhã, em que os resultados são fundamentais e ficam prontos no final da tarde. Quantos dias se passaram nessas 6 horas de espera?

Na UTI há uma comunidade muito particular de pais órfãos de filhos e filhos com muitos pais. Alimente-se disso, converse sobre outros assuntos, sorria, brinque. Acredite, fará diferença no seu dia e também no dia das outras mães. Ali todos se tornam uma grande família, todo mundo torce, reza, comemora com os outros. A cada bebê que recebe alta é uma alegria, com direito a festa e promessas de encontros futuros.

Se aquela inveja doída de "queria que fosse a minha vez" surgir, entenda, se acalme, se acolha. Sua hora vai chegar. E quando chegar, mesmo que não seja nas condições planejadas ou com o diagnóstico ideal, uma alegria imensa te invadirá, e automaticamente a contagem regressiva se inicia. Não tem como não estar feliz, mas também não tem como não estar com medo. Será que meu bebê vai ficar bem? Será que vou dar conta da medicação? Será que vamos identificar as ameaças? E tem como não estar triste? Deixar nossos outros "filhos" e os outros pais aqui; deixar a família da UTI — técnicas, enfermeiros, recepcionistas, médicos...

Um pequeno conselho: atente-se para não ficar neurótica demais. A UTI pode agravar as neuroses normais inatas ao cargo de mãe: Será que mamou o suficiente? Está com frio? Cocô amarelo é normal?

Tente manter-se sã e com os pés no chão para se lembrar de que a vida normal é (e deve ser) mais leve, sem tantas métricas. Existe infância como foi a sua própria, como as dos índios nas florestas, como a dos seus pais e de tantas maneiras diferentes, e as crianças sobrevivem. Ouça e confie na voz da sua leoa.

Despeça-se da UTI com a certeza de que sua missão foi cumprida. Isso não quer dizer que você vá esquecer, mas tente entender o motivo de estar ali. Talvez seja unir a família. Talvez nos lembrar de que saúde é o que importa. Talvez provar que ninguém está no controle. Talvez nos dar uma missão a partir da experiência. Talvez para nos mostrar a força desses pequenos guerreiros com toda a vontade de viver que pulsa dentro deles, que os fazem resistir a sondas, coletas de sangue, operações e outros tantos procedimentos que assustam muitos adultos. Eu acredito de coração que se tornarão leões corajosos, daqueles que viverão com uma intensidade inspiradora! Afinal, até agora eles já nos inspiraram tanto, mesmo tendo vivido apenas dentro da UTI, não é mesmo?

Desejo uma vida longa com muita saúde e felicidades a vocês!

Com carinho,

Ursula

De: Sara Andreozzi

Para: ***Uma mãe que tem um anjo no céu***

Olá, querida mamãe,

Esta carta é para você que é mãe ou pretende ser. Quero te contar minha história, o que aconteceu comigo. Quem sabe possa te ajudar ou te acolher de alguma forma? É o que desejo. Cada uma tem um percurso, não é mesmo?

Quando me tornei mãe, há cinco anos, senti no corpo e na alma que a maternidade é feita de amor, dor e devoção. Às vezes, tudo junto e misturado. Hoje quero falar do amor e da dor. São tão intensos...

Estava tentando dar um irmãozinho ou uma irmãzinha para meu filho. Sempre pediu tanto! Tudo aconteceu muito tarde na minha vida: casamento, me estabelecer na profissão... Paciência. Não há o que fazer em relação a isso.

Fui para a primeira consulta com o obstetra e estava muito feliz por dar início ao pré-natal. Ele me deu os parabéns por ter engravidado tão rápido após todos os exames terem sido excelentes. Minha primeira gestação foi muito tranquila, sem nenhuma intercorrência. Estava certa de que nada daria errado. Era óbvio para mim. Quis fazer o ultrassom de oito semanas naquele mesmo dia, sem demora. Estava ansiosa por esse tão esperado encontro marcado. O primeiro encontro com o meu bebê era puro amor, pois ele era muito amado e desejado. Assim que vi a imagem do meu bebê na tela eu gritei de alegria, mas sem nenhuma reação das técnicas que me acompanhavam. Logo notei que havia algo errado. Foi uma dor avassaladora ver a imagem do meu bebê acompanhada do silêncio total. O silêncio que ainda me assombra. Era esperado um "batuque" só... não o silêncio.

No retorno à consulta após o ultrassom, a médica do hospital disse que sentia muito e que não era culpa de ninguém, nem mesmo dos meus 42 anos de idade, mas infelizmente o bebê estava sem vida. Não tinha batimentos cardíacos. Frisou que tenho saúde e que após um ou dois meses poderia tentar novamente. Aos prantos, era cada vez mais difícil entrar em contato com essa realidade, que nunca havia vivenciado. Estava em luto havia exatos três meses após o falecimento de minha mãe por problemas cardíacos, e agora teria de enfrentar uma nova perda. E novamente o coração pregava essa peça. Justamente o coração, abrigo dos sentimentos.

Não teve jeito, querida mamãe, precisei me internar em uma maternidade, porém não sairia dela com o meu bebê, mas o contrário. Era necessário fazer a curetagem do meu bebê, que viveu apenas seis semanas e meia. Já era tão meu, tão nosso! Eu e meu marido estávamos escolhendo o nome. Estávamos esperando somente saber o sexo após o exame de sexagem fetal.

A realidade se impunha com uma crueldade sem limites. Sabia que precisava chorar meu luto, pois é a única forma de elaborar a minha dor. É desestruturante. É dor no corpo. É dor na alma. É uma cicatriz no coração.

Agora quero falar com você, meu anjo...
Bebê, do meu coração para o seu, quero te dizer que:

Falta você na foto da família,
Falta você na roupa nova que vi na loja,
Falta você na banheira de espuma com patinhos amarelinhos,
Falta você nas comemorações de aniversário,
Falta você no passeio no parque,
Falta você no uniforme da escola,
Falta você na toalhinha bordada com seu nome,
Falta você nos meus braços,
Falta seu cheiro, seu sorriso e seu brilho no olhar,
Falta você vida na minha vida.

A maternidade é sem dúvida uma experiência verdadeiramente intensa, tanto emocional quanto fisicamente, e sobre a qual não temos o menor controle. O controle é uma ilusão. Não sabemos o porquê das coisas. Sentimos impotência e frustração. A sensação tão real é que agarrei tão forte a areia... Fechei a mão com tanta força que até tremia... Era meu, mas a areia fininha, como a da praia, começou a escorrer entre meus dedos... e perdi. O tempo não volta. Impossível virar a ampulheta da vida e mudar o desfecho. O tempo passa e não se esquece. A vida ensina a lidar com a dor, de um jeito diferente a cada dia.

Mamãe, do meu coração para o seu, quero te dizer que:

Você que está experimentando o desamparo. Após o choro, quebre o silêncio e procure ajuda. Não tenha medo, está tão fragilizada. Recorra, sim, aos amigos, à família e à terapia.

A solidão está enorme, mas não precisa se tornar destino. Mude essa trajetória no seu tempo. Há tempo de chorar e há tempo de seguir adiante. Muita gente precisa de você. Você precisa de você. Pegue-se no colo.

Apesar da dor, precisamos experimentar a felicidade, que é feita de momentos preciosos. Que possamos preencher o vazio com momentos mais leves e viver com mais qualidade de vida e saúde mental.

Mamãe, é duro admitir, mas fica mais fácil quando aceitamos que não temos todas as respostas da vida. E se tivéssemos? Que graça teria? Qual seria a nossa motivação para levantarmos da cama a cada amanhecer? Pense nisso com carinho. A vida é viver cada dia da melhor forma possível, e nisso vamos nos descobrindo, amando e sendo amadas. Fazer o bem e aprender a ser uma pessoa melhor nesta grande escola da vida. As lições às vezes são duras, né? Sigamos. Faça força nesta árdua empreitada rumo ao início do seu restabelecimento e, mais para a frente, rumo à superação. Respeite e siga seu tempo interno, não o do relógio ou do calendário. Tente não ceder às pressões, tanto suas quanto das pessoas ao seu redor. Não destrua sua individualidade. Cada uma tem um jeito só seu para continuar a caminhada após um trauma. Descubra o seu. Vá tateando. Vá pisando em ovos se preciso for.

Nós nos agarramos a tantas coisas para buscar certo conforto nessas horas, não é mesmo? Uma amiga me fez lembrar da história bíblica de Sara, provavelmente por remeter ao meu nome, que tem até Nascimento. A vida nos prega peças. Fui pesquisar. Li que Sara era uma mulher de muita fé, que sonhava em ser mãe. Quando completou 90 anos, recebeu a promessa de que seria mãe em um ano. Não acreditou, a princípio, pela idade avançada. Seu sonho se realizou, e Sara gerou Isaque. Ela morreu com 127 anos de idade. Espantoso e fascinante.

Sabemos do tempo fértil do nosso ciclo biológico, que não é o mesmo da história bíblica de Sara, embora as mulheres de hoje optem por estudar e construir uma carreira antes da maternidade. Ser mãe fica cada vez mais para depois. Mas a mensagem que fica, sem dúvida, é a de não desistir. E quantas Joanas, quantas Helenas, quantas mulheres passaram por essa dor? Sintam-se abraçadas.

Nas minhas pesquisas, achei outra história bíblica que considero interessante. É a de Tobias e Sara. Li que, mesmo passando por sofrimentos, estavam dispostos a enfrentar a vida lado a lado. A comunhão deles por amor e por fé fez deles uma família. Tobias sabia dos sete maridos que Sara havia perdido. Mas o anjo Rafael o orientou a não temer e seguir em frente. Viveram felizes.

Pensando na minha perda e nessa história de Tobias e Sara, fica bem claro para mim que o apoio do parceiro faz, sim, toda a diferença, já que a perda gestacional é uma provação para os pais.

Gosto de histórias... já deu pra perceber, né? Outra que li, ligada à fertilidade e à maternidade, é a da Santa Sara Kali, rainha dos ciganos e protetora das grávidas. As ciganas que estavam com dificuldades para engravidar faziam promessas a ela. Ao conseguir a graça, a gestante teria que ir à cripta da santa, no sul da França, e presenteá-la com um lenço cigano, o mais bonito. No local existem milhares de lenços. Fiquei imaginando meu lenço lá. O seu, que lê esta carta. Os nossos lenços em agradecimento. Tudo muito colorido e festivo.

E por falar em cores, outra história que me traz leveza e doçura é a dos bebês arco-íris, que nascem após uma perda. Eles são luzes coloridas de esperança e fé após uma cinzenta e turbulenta tempestade.

Que possamos renovar nossa esperança em uma vida melhor, seja pela história pessoal, bíblica ou de outras mulheres. Que nasça ou renasça nossa criança interna repleta de sonhos, independentemente do que virá.

Até a próxima carta.

Sucesso para você no que almeja.

Que fortes na sua vida sejam apenas os abraços apertados e repletos de amor.

Abraço apertado,

Sara

PARA OS PRIMEIROS DIAS

De: Jéssica Araújo

Para: ***A mãe que está vivendo o puerpério***

Querida recém-mãe,

Esta carta é escrita aqui, por uma mãe que já passou por essa fase em que você está vivendo. E, sim, sei o quanto está sendo desafiador este momento, mas respire e sinta-se abraçada, tudo ficará bem! Desejo que esta leitura te acolha e encha seu coração de alegria e conforto.

Agora vamos fazer um exercício? Imagine a cena: uma casa, um bebê recém-nascido, pais com pouquíssima experiência, porém cheios de amor no coração e algumas visitas e familiares oferecendo apoio, conhecendo o mais novo membro da família. Essa cena é presente em quase todos os puerpérios, pessoas em volta do bebê, admirando, mimando, acolhendo aquele ser tão gracioso e cheio de presença. Foram nove meses à espera de alguém, quase um ano imaginando como seriam os traços, a cor do cabelo, com quem se pareceria mais. Nesse sentido, é muito natural essa vontade de conhecer o bebê, é genuíno, é do coração.

Mas nessas visitas ao recém-nascido, poderia ter uma cartilha de como se comportar em relação a esse momento tão importante na vida de um casal, e tão importante para a mãe. É o momento da lua de leite, em que a mãe e o bebê estão se conhecendo, momento em que vai caindo a ficha do pai ou da companheira, de que agora a coisa ficou séria. No entanto, nem todas as pessoas têm essa sensibilidade, e infelizmente soltam frases que entristecem e desanimam. É possível até que a frase desmotivadora não tenha nenhuma intenção de magoar, no entanto, isso geralmente acontece.

E se pudéssemos sonhar com a existência dessa cartilha? Sonhar não custa nada, certo? Bom, acho que a orientação número 1 seria "olhe para a mãe". Isso mesmo, olhe para a mãe. Aquela que acabou de parir, ou que recentemente passou por uma cirurgia de grande porte, a cesariana. Aquela que está tão frágil e sensível, com dores, talvez alguns desconfortos, que o corpo está passando por várias modificações internas, tendo sangramento intenso, que está inchada. Que pode estar insegura, afinal é tudo novidade, pois mesmo já sendo mãe, cada bebê é único, e cada experiência tem a sua singularidade.

A mãe possivelmente está exausta, pois no primeiro mês acorda várias vezes durante a noite. Ela está aflita. Olhe para a mãe, ela pode estar sentindo vontade de chorar e não conseguindo por falta de espaço. Ou pode estar chorando e as pessoas perguntando:

"Mas por que você está chorando? Nasceu seu bem mais precioso, não há motivos para chorar!" Não precisa ter exatamente um motivo para chorar, só precisamos chorar, e ponto. Chorar faz bem, alivia, acalma, suaviza as emoções. Deixem as mães chorarem em paz.

Já ouvi o relato de uma puérpera em que ela comenta um determinado dia em que resolveu sentar na rede da varanda de sua casa, acabou se desequilibrando e quase caiu. Isso, para ela, foi motivo suficiente para chorar. Ela se assustou e desabou em lágrimas. Pareceria até curioso se acontecesse o mesmo com qualquer outra pessoa, mas para uma recém-mãe é motivo suficiente e necessário para deixar a emoção vir. E o choro vem mesmo, não há muito o que fazer, e esse choro precisa ser acolhido, vivenciado e respeitado.

São os hormônios do corpo da mulher que estão passando por algumas oscilações, e até que tudo se ajuste, leva um tempo. Além do choro, pode ter tristeza sem aparente motivo, desânimo, impaciência, irritabilidade, muito cansaço — são todos sintomas comuns nesse período inicial. Mas é preciso olhar para cada sintoma, e se necessitar, não deixe de buscar ajuda profissional. Psicólogos(as), psiquiatras, obstetras, doulas, enfermeiras obstétricas, qualquer um desses profissionais está capacitado a auxiliar nesse processo. Não deixe para resolver depois, nem de pedir ajuda.

No meu caso, a pediatra do meu filho notou possíveis sintomas de depressão pós-parto, pois ela só me perguntou "tudo bem?", e eu comecei a chorar desesperadamente, estava muito aflita e insegura. Ela então me acolheu com amor, e me orientou sobre a importância de buscar ajuda o quanto antes. Ela inclusive me contou que também viveu a experiência da depressão pós-parto, e levou meses para compreender que precisava de apoio profissional. Então a doutora sugeriu que eu saísse dali e fosse consultar um psiquiatra naquele mesmo dia. Ela ligou, se informou e anotou o endereço. Então eu fui, e me ajudou demais todo esse suporte dela. Achei esse gesto tão sincero que nunca me esquecerei do que ela fez por mim.

Lembro-me como se fosse hoje quando cheguei à consulta com a psiquiatra num hospital que atendia emergências. Fomos eu, meu bebê recém-nascido e meu pai. Meu filho nasceu prematuro e ficou alguns dias internado na UTI neonatal, então imagine como eu estava abalada e insegura. Havia acabado de sair de um período intenso em um hospital pediátrico para viver outro período, que considero um pouco menos pesado, mas intenso também.

A médica que me atendeu foi muito atenciosa, e me senti abraçada de verdade. Ela receitou uma medicação, e eu disse que não gostaria de usar medicamentos que me deixassem dependente ou dopada. Então ela explicou que isso não aconteceria, e me orientou sobre a questão hormonal. Falou de todo esse processo que eu estava vivendo. Sou muito grata a essas profissionais de saúde que nos enxergam como humanas que somos.

Às vezes temos a tendência de achar que teremos o controle de tudo; no caso dos hormônios, não tem jeito, não conseguiremos domá-los sozinhas. E quando temos um **apoio profissional,** tudo fica mais leve. Sugiro que durante a gestação a mãe já faça uma pesquisa, pedindo indicação de amigas ou do(a) obstetra, enviando mensagens para profissionais, tirando dúvidas, e caso sinta necessidade, tenha o contato salvo e agende uma sessão de terapia.

No período gestacional também é muito importante e válido ter o apoio de um(a) psicólogo(a). São muitas mudanças, emoções à flor da pele, dúvidas. É bacana, se possível, investir nesse cuidado. Quando chega um bebê em nossas vidas, é a oportunidade de olharmos para nossas sombras; aqueles sentimentos que estavam escondidos dentro de nós vêm à tona com toda a força, é um processo intenso. Mas se olharmos para cada uma dessas sensações, há um poder incrível de regeneração.

É como um renascimento, é a chance de nos percebermos, nos conhecermos e fazer diferente dali em diante. Gosto de enxergar como um presente da vida, uma oportunidade de vivermos com sentido e significado, e não viver por viver, dia após dia.

Mas, seguindo aqui com a criação da nossa cartilha, vamos à orientação número 2. O tema é amamentação. Só esse assunto renderia um livro, pois envolve sentimentos, questões fisiológicas, políticas e culturais. Conheço muitas mães, e nenhuma delas fala que teve facilidade quando decidiu amamentar. Todas, de alguma forma, passaram por algum tipo de desafio.

Algumas buscaram ajuda e conseguiram amamentar, outras sofreram tanto que decidiram não dar continuidade à amamentação. Parece algo instintivo, que todo mamífero conseguirá naturalmente, mas não é. É dolorido, exaustivo, desafiador, mas também é possível. E quando finalmente a mãe consegue amamentar, vem alguém e fala algo do tipo "seu leite é fraco", ou faz questão de falar com todas as letras, bem alto, "essa criança tá com fome! Dá fórmula pra ela!".

Eu ouvi que meu leite era "fraco", ou poderia ser "fraco". Mesmo sabendo que isso não era verdade, fiquei abalada, chorei, me entristeci. Foi dolorido, mas graças à terapia não preciso andar com esse fantasma para sempre. Posso seguir sem que essa lembrança me machuque.

É preciso muito cuidado ao falar com a mãe, como já falamos aqui. Essa mulher está sensível, e é preciso ter jeito no falar, com amor, com respeito, com carinho, com **empatia.** Se eu pudesse dar uma única recomendação para uma mãe que deseja amamentar, porém está com dificuldades, seria para ela contratar uma consultora de amamentação, pois faz muita diferença. Evite ficar sofrendo sozinha; com ajuda tudo flui melhor. E se você não tem condições de pagar, hoje existem instituições que tornam essas profissionais acessíveis. Ou negocie com ela, parcelando em duas ou três vezes, se for o caso, mas se é seu desejo amamentar seu bebê, não desista antes de tentar outros caminhos.

Eu consegui amamentar com a ajuda de uma consultora. Senti muita dificuldade. Foram 19 dias de UTI neo, sem conseguir ter o meu bebê nos braços. Ele se nutria através de sonda, e depois, em alguns momentos, fez uso de mamadeira. Tinha grandes chances de seguir com a mamadeira, mas com ajuda profissional venci esse desafio.

Quando a amamentação ocorre de forma natural, depois que a mãe pegou o jeito de amamentar, sem sentir dor, e o bebê faz a pega correta, é bem tranquilo, e é maravilhosa a sensação de troca, é satisfatório. Além de trazer muitos benefícios tanto para a mãe quanto para o bebê. E sobre quem diz que o leite materno é "fraco", na verdade fraca é a vontade da pessoa que disse isso, de ler um pouquinho e se informar sobre o assunto: **não existe leite materno fraco!**

E pensando nas pessoas que tentam minar a autoconfiança das mães dizendo a todo momento "essa criança tá com fome, por isso ela não para de chorar", lembrei-me de uma amiga querida que disse algo muito marcante e coerente: "Esse neném ficou nove meses dentro da *minha* barriga. Quando ele chora, ele também consegue se acalmar ouvindo a *minha* voz. E se ele tem fome, é no *meu* peito que ele vai mamar. Não venha me dizer que eu não estou conseguindo cuidar, pois o filho é *meu* e eu sei o que estou fazendo."

Essa frase foi dita no auge do puerpério dela. Quem dera todas nós pudéssemos ter a coragem de dizer aquilo que temos vontade; noventa e nove por cento de todos os palpites desapareceriam do Universo.

A orientação número 3 é para os pais dos bebês. Sejam pacientes e acolham essa mulher que acabou de se tornar mãe. Pode ser que você não a reconheça mais; perceba que agora ela só tem olhos para o bebê. Mas essa é uma fase importante e logo vai passar.

O relacionamento conjugal vai mudar, não há dúvida sobre isso. Porém, se vocês tiverem uma comunicação assertiva, fica muito mais tranquilo lidar com os desafios dessa nova fase.

Ouça o que a mulher tem para dizer, apoie, respeite. Se não tiver o que dizer, apenas a abrace e acolha. Tudo isso fará muita diferença. E se sentir que é preciso, novamente, **ajuda profissional** facilita muito a resolução de conflitos entre o casal.

É como semear para colher os frutos depois. Toda paciência dedicada ao período puerperal se refletirá numa mulher que colocará esforços para resgatar um relacionamento conjugal com muito amor e cumplicidade.

Possivelmente o relacionamento físico vai levar bem mais de 40 dias para voltar a ocorrer naturalmente. Há situações em que a mulher sente dor durante a penetração. Algumas têm vergonha ou medo de dizer, mas é algo absolutamente natural, manifestação das mudanças hormonais. Conversar com a ginecologista ajuda bastante. Ela vai sugerir alternativas e soluções para melhorar a situação.

Tem também a questão do cansaço materno. Nos primeiros meses o bebê demanda muito da mãe. Possivelmente essa mulher não tenha tanta disposição física e não seja tão amável como era antes. É preciso olhar para a casa, observar se essa mãe não está sobrecarregada, querendo resolver todas as demandas, dar conta de tudo. Além do bebê, tem sempre a louça para lavar, a roupa para guardar, o chão para varrer. Todos da casa precisam colaborar nos afazeres para que ninguém faça nada além do seu limite.

A orientação número 4 é para toda e qualquer pessoa que for visitar a puérpera. É bem comum, quando visitamos um bebê que acabou de nascer, levarmos a famosa lembrancinha, ou um presentinho, aquele mimo fofo, sabe? Mas e se, de repente, a gente mudasse um pouco essa tradição e levasse algo para a mãe?

Não precisa ser nada muito sofisticado. Vou sugerir aqui algumas opções que alegram qualquer recém-mãe. Uma tigela cheia de frutas lavadinhas; e por que lavadas? Porque com bebê o tempo da mãe é restrito, e qualquer coisa que agilize facilita muito. Nesses primeiros meses as mães sentem muita fome, mas algumas se esquecem ou deixam de comer, muitas vezes pelo fato de o cansaço falar mais alto.

Mas leve algo para essa mãe comer, de preferência o mais saudável possível: uma sopa de legumes, um pão fresquinho da padaria, folhas lavadinhas para fazer uma salada, uma torta integral de legumes, um bolo de banana e aveia, um purê nutritivo, uma comidinha bem temperada, feita com muito amor.

Mais sugestões: algumas pessoas chamam de moringa, que é uma espécie de garrafa de barro ou cerâmica com um copo em cima, e serve para pôr água. As mães sentem muita sede, principalmente as que amamentam. Tendo uma moringa do lado da cama, com a água e o copo, é bem prático, além do fato de que barro ou cerâmica faz com que a água fique sempre fresquinha.

Também é possível presentear com algo de que essa mãe goste: um creme hidratante para as mãos com perfume suave, batom, rímel, flores lindas e coloridas, uma vela perfumada, um livro interessante, uma revista de algum tema do interesse dela — fotografia, moda ou artes, por exemplo. Existem muitas formas de agradar uma recém-mãe, e não precisa gastar muito. Ela nunca se esquecerá desse gesto de carinho. E caso queira levar também algum presentinho para o bebê, é sempre bem-vindo!

Ao visitar a mãe, pergunte a ela, caso se sinta confortável, se você pode cuidar do bebê enquanto ela toma um banho. As mães precisam tomar banhos relaxantes às vezes, mas nem sempre é possível. Geralmente as mães tomam um banho rápido porque em algum momento ouviram o bebê chorando, mas ao saírem apressadas notam que o bebê está lá dormindo igual a um anjo. O que aconteceu foi um choro imaginário em nossa cabeça materna.

Se tem alguma louça suja, algo para dobrar ou guardar, ajude, não tenha vergonha de ser prestativa(o). Qualquer ajuda é muito bem-vinda nesse período. E se notar que a mãe está cansada, pergunte se ela não quer descansar um pouquinho enquanto você fica com o bebê; é muito importante descansar.

Num dos dias em que eu estava na rotina cansativa de ficar o dia todo no hospital acompanhando meu pequeno, minha irmã e minha prima limparam toda a minha casa. Quando cheguei, senti o amor delas em cada detalhe. Deixaram até um bilhete carinhoso. Foi uma sensação maravilhosa, a de permitir-se ser cuidada. Foi muito marcante!

E, por fim, a orientação número 5 é para a recém-mãe, a puérpera, aquela que está mergulhada num universo totalmente novo. Pode ser que você esteja se perguntando por que não consegue demonstrar todo o amor que sente por seu bebê da forma que está sentindo. Talvez você quisesse demonstrar muito mais amor, mas é natural esse sentimento, pode ser que você esteja se sentindo perdida, deslocada, sem saber quem é você mesma.

São todos sentimentos comuns nesse primeiro momento, e com o passar dos meses você vai perceber que tudo vai fluir melhor. Quando seu bebê te olhar e sorrir pela primeira vez será muito marcante. A cada dia esse bebê se desenvolve mais, e é incrível acompanhar a evolução constante. Logo ele começa a brincar com as mãozinhas, tentar ficar de bruços e se levantar.

Pode ser que agora sua rotina seja dar de mamar e trocar fraldas, mas acredite, logo essa etapa muda e se torna mais interessante. Haverá noites que mais se parecerão com dias, de tanto que você ficará acordada, e também as noites mais tranquilas, em que você conseguirá dormir mais.

Caso se sinta muito cansada, e o bebê dormir, não deixe de dormir também, por mais que a louça na pia te incomode, ou a chuva molhe as roupas no varal; durma, coloque-se em primeiro lugar, e depois as tarefas da casa. Sei que não é fácil em alguns momentos, mas é preciso. Quando estamos descansadas até lavar a louça fica mais interessante, então permita-se descansar e respirar.

Naqueles dias nublados e chuvosos em que não temos vontade de fazer absolutamente nada, permita-se realmente não fazer nada, mas não deixe de ouvir uma música de que você goste, ler um texto interessante, ou rever aquele episódio marcante e inspirador da sua série favorita. Se precisar, dance, coloque seu bebê pertinho, no colo ou no sling, e dance pela sala. A música e a dança aliviam muito o peso da rotina cansativa.

Faça uma caminhada, nem que seja na rua de sua casa; caminhe e repare se é possível ouvir os passarinhos, e ouça-os. Se tiver alguma árvore, faça uma pausa e a observe, olhe para a textura do tronco, o formato das folhas, tente descobrir qual árvore é aquela, se é frutífera, sinta o aroma. Dependendo da estação do ano, pode ser que não tenha folhas, apenas galhos e folhas secas no chão, mas ainda assim há beleza. Parece um exercício simples, mas é muito significativo, nos faz sair um pouco da rotina e do cansaço. E os bebês amam estar perto da natureza, e essa natureza pode ser um lindo parque com muitas flores e árvores, ou apenas uma árvore plantada na calçada de uma movimentada rua da cidade.

Alimente-se bem, tome bastante água, e peça ajuda, por mais difícil que seja. Por mais que a pessoa não dobre a roupa tão bem quanto você, compreenda que agora você não conseguirá fazer tudo o que fazia antes de ter um filho, com a mesma dedicação.

Acolha-se, se abrace, se ame, e se precisar escreva o que está sentindo, desabafe com o papel. Pode ser que a culpa, essa danada, venha querer tirar sua paz e fazer com que você não se considere uma boa mãe — não é verdade, você está se entregando e dando o seu melhor. Tire o peso da culpa de sua mochila e carregue nela só amor e paz. Tudo vai ficar bem.

Por fim, me disponho a te apoiar e te acolher. Da forma que for possível estarei aqui. E se em algum momento eu não puder te apoiar, chame para perto de si uma mulher que te apoie com amor, verdade, cumplicidade e sem julgamentos.

Um abraço!

Jéssica

De: Carollyne Borges

Para: ***Uma querida amiga que acabou de nascer como mãe***

Quando nasce um bebê e nós nascemos como mães, nosso mundo todo muda. Não adianta falar que não. Deixamos para trás a mulher que existia e passamos a construir uma nova identidade. Com o tempo, podemos resgatar a mulher que existia em nós, porém numa nova versão, que na grande maioria das vezes é melhor e mais forte.

Antes de toda essa transformação acontecer, até pensamos que estamos preparadas. Buscamos estudar, ter informações de qualidade relacionadas a tudo ou quase tudo que envolve a maternidade. Para mim foi assim, e acredito que para você também; mas então ele chega praticamente nos atropelando e derrubando todas as nossas expectativas, confundindo todo esse nosso sentimento de amor pleno. Sim, estou falando do puerpério. Você sabia da existência dele antes de se tornar mãe? Eu não. Quero dizer, eu conhecia a teoria.

Mas a verdade é que conhecer na teoria não se compara com vivenciar na prática, na pele e no coração. Amiga, vou te contar a minha experiência. Quando meu filho chegou, junto com ele veio o puerpério, com toda a sua força e intensidade. Sim, sei que para algumas mulheres ele pode ser mais tranquilo, mais leve, principalmente quando se tem uma rede de apoio forte. Mas acredito não existir nova mãe que não o sinta.

O puerpério me trouxe sentimentos confusos. Alguns conhecidos, outros não. Um misto de medo de não conseguir com angústia, tristeza e solidão. Solidão? Sim, mesmo com um recém-nascido grudado em mim, sentia solidão. Sentia falta da mulher que eu era e do mundo que lá fora não parava. Porém, o mais forte era o sentimento de culpa e ingratidão. Afinal, desejei tanto ter meu filho nos braços e o amava tanto, então por que me vinham esses sentimentos?

Sim, eu sabia e já havia estudado sobre a questão hormonal, fisiológica, mudanças na rotina e tudo o mais, mas na prática, você sabe... E esse sentimento de culpa vem muito por conta dos julgamentos das pessoas, fazendo com que nós, mulheres, acreditemos que é errado falar, sentir e viver o puerpério.

Meu filho nos braços, eu estava feliz? Sim, claro que estava, sorria, contemplava seu rostinho lindo e seus traços. Porém, todos os dias também eu chorava. Não sei dizer ao certo por quanto tempo isso durou, mas foi mais do que imaginei.

Entretanto, o que sempre fiz com muito amor foi cuidar do meu bebê, dia e noite. Noite, nossa! Principalmente à noite, como as madrugadas e as noites me pegaram, como era solitária a madrugada sozinha com um bebê! Sim, meu esposo acordava muitas vezes também, mas a solidão estava em mim.

Hoje, olhando para trás, vejo o puerpério como um processo de luto. Um tempo que é preciso ser vivenciado para se adaptar, se reinventar e ressignificar na nova condição atual, no caso, a de ser mãe.

Tenho certeza de que ajuda muito entendermos sobre o funcionamento do sono dos bebês e aceitar o que é da natureza humana. Os bebês acordam muitas vezes durante a noite, precisam mamar, sentir o calor e a segurança da mãe. Foi meu maior desafio e batalha, e tive que vencer estereótipos enraizados em mim e no meu círculo familiar.

Hoje, depois de viver na prática, pele e coração o puerpério, o que posso dizer para você, minha querida amiga, é que você precisa vivê-lo. Cada uma de nós, mães, terá uma experiência diferente, e desejo que seja mais leve que a minha, e que você consiga enxergar dia após dia a beleza que é nascer como mãe.

Um abraço bem apertado para você que também acabou de nascer,

Carollyne

PARA QUANDO NUTRIR FOR MAIS DIFÍCIL DO QUE SE ESPERAVA

De: Amanda Acacio

Para: ***Uma mãe lactante***

Querida mãe,

Escrevendo para você, estou pensando em um livro que li, que diz que "o pensamento é uma nuvem da qual a palavra se desprende em gotas" (Lev Vygostky).

Por isso insisto em me derramar e reunir as palavras mais doces, para que me leia sorrindo e chorando, na esperança de que a ternura e o perdão te invadam e façam casa em ti, porque eu sei que o mundo anda numa disputa de dores, mas da qual você não precisa participar.

E se o desânimo te visitar, faça chá e o mande passear. Não será dessa vez que você vai se curvar.

Improvise um sorriso, um suspiro e continue.

Tudo isso para te dizer que eu sei que ele tem cheiro de céu e bochecha de nuvem fresca após chuva de verão.

E eu também sei como esperou esse momento tão mágico, aguardado a gestação toda, quando você e seu filho criariam um forte vínculo, olho no olho, se descobrindo, sentindo amor emanar, quase bom demais para ser verdade.

Filme com final feliz.

Mais uma fase concluída com sucesso.

E eu também sei da vontade que tinha de nutri-lo como mandam o figurino, o grupo de mães, os pediatras, as tias, os fuxiqueiros de plantão, os desconhecidos que acham que a opinião deles vale mais que o seu bem-estar... E eu posso continuar essa lista, que só não é maior que sua angústia e frustração por não conseguir prosseguir.

É, eu sei, vão te perguntar mais sobre isso do que se você está bem, feliz, alimentada, cansada ou assustada. Quase uma perversidade.

É, eu sei dos gritos entalados e dos que escaparam junto com impropérios que nunca imaginou falar. Das explicações, das desculpas que consolam outros, menos você.

Sei do olhar que procurou acolhimento, compreensão, um gesto caridoso para que você pudesse dividir o seu pesar. Mas o que conseguiu foi apenas um trauma de estimação.

É, eu sei que nem passava por essa cabeça atrapalhada de mãe puérpera que uma boca tão pequena, feita com o maior capricho da genética, colorida com o mais puro esmero, pudesse machucar tanto, tanto assim, a ponto de fazer escorrer lágrimas doloridas, latejantes e desesperadas, aproximadamente a cada duas horas sofridas, olhando o relógio e rezando baixinho pra demorar só um pouquinho mais, pra dar tempo de na velocidade da luz cicatrizar a ferida e você suportar.

É, eu sei, você comprou pomada de lanolina, tomou sol. Esfregou bucha vegetal no banho, colocou casca de banana, mamão, fez dancinha, e tudo o mais que ensinaram. Sei também que violentou seu seio com um instrumento de tortura que tem um nome que faz jus ao seu estrago:

bomba de leite manual. E que mesmo exausta, dolorida e se sentindo derrotada, se propôs a tentar uma, duas, três, várias vezes, por meses. Fez tudo o que podia e mesmo assim não achou que foi suficiente.

Também sei que doeu. E como doeu! E eu não falo do seio. Falo de um lugar mais profundo. Onde dói mais que a mastite, o peito fissurado, os olhares desaprovadores, as cobranças e frustrações. Suas e dos outros. Desse lugar que se colocou e se encaixou tão direitinho que achou que era feito sob medida pra você. Esse lugar que toda mãe frequenta vez ou outra. Esse lugar chamado culpa.

Mas eu sei outras coisas também. Uma delas, inclusive, é que num dia não muito distante você entenderá que o amor não tem tamanho único; aliás, ele é o oposto. É multiforme, assim como você, que num dicionário amoroso e gentil, significam a mesma coisa. Mãe e amor. Bonito, não acha?

É, e eu sei também que mesmo machucada você conseguiu refazer o plano, mudar o percurso e prosseguir. Descobriu que a fórmula, aquela vilã maligna que insistia em se disfarçar de leite, supriu aquilo que, por mais que tenha tentado, não foi possível prover. E que você alargou seus limites, rendeu-se à realidade, ficou um pouco mais à vontade e conseguiu sorrir. Viu formarem-se dobrinhas e furinhos tão delicados e irresistíveis naqueles cinquenta centímetros de gostosura, que por instantes foi suficiente.

É, eu também sei que embora as sombras às vezes insistam em obscurecer suas lembranças, você foi capaz de suavizar sua dor, tornar essa frustração menos sofrida e sossegar seu coração.

Você redesenhou a sua história e se atreveu a perseverar.

Descobriu que o que nutre não é líquido. É sólido, construído com perseverança e gentileza, no colo dado, no choro acolhido, no olhar retribuído, no carinho feito naqueles pequenos dedinhos que um dia rabiscarão paredes brancas, nas conversas respondidas com sons que não dizem nada e ainda assim falam tudo, no sorriso vazio de dentes mas repleto de alegria apenas por você estar lá. Dia após dia, enquanto esterilizava mamadeiras e inseguranças.

É, eu sei. Não foi como você imaginou, um comercial de margarina. Aliás, foi como perder o fôlego vez após vez se segurando em frestas, tateando o invisível até encontrar o inesperado, mas você não desistiu diante de tantas reticências e encontrou fragmentos de felicidade. Esteve presente, alimentou a fome com amor. Em todos os seus estados. Mas principalmente o estado da presença.

Você permaneceu.

É, eu sei tudo isso. E queria que você soubesse também.

Eu te vejo e me importo.

Beijos carinhosos,

Amanda

De: Aline Detofeno

Para: ***Uma mãe com dificuldades em amamentar***

Oi, querida mamãe!

Como tem passado com o bebê?

Esses primeiros dias são desafiadores, não é mesmo?

Agora você é **A Mãe!**

Você atravessou a ponte de 'filha' para 'mãe'! Parabéns por tudo! Deus abençoe vocês!

Lembro-me de quando estava vivendo os primeiros dias com meu bebê, e por isso estou te escrevendo.

Quero poder te abraçar de forma mais concreta por meio das minhas palavras durante este período em que você está com dificuldades para amamentar seu bebê precioso.

Quero me achegar a ti de uma forma calorosa e muito respeitosa, pois posso compreender agora, olhando daqui da frente, que todo esse turbilhão vai passar, por isso, pode continuar com o seu mantra interior.

Eu sei que no momento em que recebeu o seu 'positivo' pensou que seria fácil cuidar de um bebê, afinal já era tia, havia trabalhado como babá algumas vezes, e amava crianças!

Porém, ao chegar em casa com o bebê nos braços e ter a convicção de que ele era todinho seu, começou a perceber como se formavam as delícias e as dores maternas.

Você não iria somente cuidar, mas trocar, educar, ensinar, amar, banhar, acariciar, acalentar, ninar e amamentar. Sim, você seria a responsável por alimentar esse ser de 50 centímetros, porém o encanto foi escorrendo junto com suas lágrimas ao sentir aquela boquinha feroz. Naquele contato você percebeu que não seria fácil.

Eu sei, minha querida, você está inchada e pensando que nunca mais vai entrar nas suas antigas roupas, mas posso te afirmar que elas servirão novamente; não como antes, mas afinal, nem você é mais a mesma.

Se quiser doar algumas roupas e calçados, doe; isso abrirá uma janela imensa em seu coração e fará mais luz entrar.

Sei que as lágrimas caem de seus olhos (e dentro do seu coração) cada vez que seu bebê chora e você sabe que ele precisa ser alimentado, e vamos conversar sobre isso!

A amamentação é individual, varia de mulher para mulher. Cada uma tem sua experiência, e nenhuma anula a outra. Por isso, não se sinta "a pior" por estar com dificuldades.

Compreendo que você não sabe ainda muitas coisas a respeito desse novo mundo da maternidade que se abriu, mas com o tempo, e no *seu* tempo, tudo vai se encaixando, e você aprenderá dia a dia, a cada piscadinha ou sorrisinho de canto de boca que ele dará ao ouvir sua voz.

Seu bebê pode até ser pequeninho, mas é muito saudável e ganhou um apelido: “menino sorriso”!

Ah, agora sim! Estou aqui escrevendo e imaginando o sorriso que você está permitindo nascer ao ler isso: “menino sorriso”, sim! Ele é o bebê mais simpático que você conheceu, não é?

Isso, minha querida, sorria! Sorria mais! Sorria sempre!

Eu sei que pode parecer uma derrota quando você cede e lhe oferece uma mamadeira. Mas seu bebê mama bem, e depois o alento total ele encontrará em seu seio. Não desista, e deixe esse sentimento do lado de fora do portão de sua casa.

Em breve você vai conseguir amamentar com um sorriso no rosto, pois as dores e rachaduras que causam sangue nos absorventes de seio estarão curadas, assim como sua alma.

E enquanto mama ele vai dar uma tremidinha com a boca, e você vai sentir, porque se permitiu continuar e permanecer insistente, e assim conseguiu vivenciar esse momento de prazer na amamentação, aquele tão esperado instante em que você consegue o aconchegar mais perto de seu colo, seus olhares se encontram, e os corações ficam pertinho, quase entoando uma miniprece de agradecimento (dele e sua!).

Outra situação muito deliciosa de viver é você pegar a mãozinha dele de tempos em tempos e ficar tirando os fiapinhos de roupa que insistem em ficar entre os dedinhos minúsculos e superfortes. Já tentou abrir a mão dele? Exige força e destreza, e nesse momento da amamentação isso é possível, porque ele está tão relaxado e feliz que não se importa em ter os dedinhos separados.

Como você havia me pedido, aqui vai a minha dica: tire fotos, filme, registre esses momentos entre você e seu bebê, pois realmente, são dias lentos que passam ligeiro, e quando menos se espera o último dia de colo chegou e você nem aproveitou tudo o que podia. Por isso guarde essas recordações.

Agora já vou me despedindo, mas se precisar conversar, estou por aqui.

Um abraço quentinho em você. Acredite em mim, você está fazendo um lindo trabalho na criação desse ser. Parabéns! Estou muito orgulhosa de ti.

Beijos,

Aline

De: Carollyne Borges

Para: ***Uma mãe que silenciou o mundo e ouviu somente a voz do seu coração***

Cara amiga,

A amamentação sempre foi algo que eu desejei muito que acontecesse, e sei que você também. Antes da gravidez já estudava sobre o assunto, e quando grávida me aprofundei ainda mais.

Quando meu filho nasceu, pensei "pronto, será um sucesso, sei tudo na teoria". Acontece que eu não sabia que somente a teoria não bastaria, e que aprendemos de fato na prática. Você também percebeu isso, não foi?

Não tive minha hora de ouro, assim como você também não teve, e quando meu filho mamou pela primeira vez não senti aquilo que havia lido, "melhor sensação da vida". Me senti estranha, mas continuamos, e após dois dias o seio rachou, e sentia muita dor para amamentar. Lembro-me de contar para algumas pessoas, com lágrimas nos olhos, como estava doendo amamentar, mas seguimos firmes, pois era um desejo muito forte sentir aquele momento mágico e especial.

E aos pouquinhos foi acontecendo aquela sensação maravilhosa, aquela troca de olhares e o acolhimento foram tornando-se reais. Mas o que a teoria também não me havia ensinado era quanto eu teria de lutar para continuar e não desistir em meio a uma sociedade com a cultura muito forte do desmame, por pressão, julgamentos, e até mesmo preconceitos.

Eu vi sua luta, assim como a minha, dia após dia ouvindo que nosso leite era fraco, que ele chorava porque sentia fome e o leite era pouco, que ele estava fazendo nosso peito de chupeta, que se ele mamasse mamadeira ou chupeta seria mais fácil para nós; enfim, tudo sempre era culpa da amamentação, e seu fim parecia a solução mágica para todos os nossos problemas, inclusive o cansaço materno.

Quantas bobeiras e coisas absurdas nós ouvimos, não é mesmo?

Mas continuamos resistindo, lutando e silenciando nossos ouvidos para o mundo, que continuava a dizer que não precisava mais amamentar, que é feio criança grande mamando, que vai deixar problemas psicológicos na criança, que atrapalha o desenvolvimento, e tantas outras falas baseadas em achismos e preconceitos.

Logo você e eu, que sempre buscamos estudar e ter evidências científicas dos benefícios da amamentação continuada!

Sei que não foi e ainda não é fácil, sei que nós por diversas vezes choramos, e que você, assim como eu, também se sentiu julgada, a estranha e diferente em meio às amigas que não entendiam o porquê de você continuar. Chegou a pensar em desistir, mas sei também que quando nossos olhos encontram com os olhinhos deles, nos fortalecemos, matamos as saudades do dia todo que passamos longe um do outro e descansamos no amor, no peito, e dentro de nós fica cada vez mais forte o desejo e a convicção de que estamos, sim, fazendo nosso melhor, por nós e por eles. E tudo se silencia, nós silenciamos o mundo e escutamos somente aquela voz. Aquela que vem do coração, trilhando o caminho para um desmame natural, sem pressa, da mesma forma que começou, com aquela entrega, e terá um final lindo, respeitando e esperando o tempo dos nossos filhos.

Diversas vezes eu e você pensamos que somos livres e fazemos nossas próprias escolhas. Mas a verdade é que somos levadas pelo sistema e pelo que os outros esperam de nós, pelo medo do julgamento. Porém outras vezes, não por sorte, mas por muita busca interna, decidimos seguir com nossa intuição, nosso instinto e coração. E eu, assim como você, escolhemos esse caminho. Já são dois, três, quatro anos de amamentação, é o nosso caminho, e cada mãe sabe o amor e a dor de suas escolhas, sempre ouvindo aquela voz sábia que vem do coração e tem todas as respostas.

Por isso, querida amiga, não se sinta só. Estamos juntas, unidas por esse lindo relacionamento que é a amamentação.

Abraços,

Carollyne

Para quando precisar se reencontrar

De: Ursula Coli

Para: ***Uma mãe que se perdeu de si mesma***

Olá, amiga mãe,

Provavelmente você, como eu, ouviu muitos conselhos quando grávida: itens necessários para o enxoval; o clássico "vai sentir o maior amor do mundo"; "pare de trabalhar", ou "não pare de trabalhar"... Porém, o conselho mais importante não me foi dado. Ninguém me alertou para continuar fazendo coisas por e para mim, e assim, não me perder de mim mesma. Aconteceu com você também?

Perder-se de si mesma é natural. Lembra que, até o dia anterior ao bebê nascer, você era dona do seu tempo e do seu dia? Podia acordar na hora que quisesse, comer um almoço saudável às 12 horas ou um sanduíche às 16 horas; depilação ou cinema aos sábados à tarde. Xixi na hora que tinha vontade. Planejar cada minuto do dia e mudar o plano (basicamente) se quisesse.

De um dia pro outro nasce um serzinho totalmente, 100%, completamente dependente de você, que nem se virar sozinho consegue. Você, como a natureza orquestra, está totalmente, 100%, completamente fascinada com aquele bebê: você ainda é ele, e ele é você.

Eu sei o que é comer apenas refeições frias e acordar quando o bebê acorda — mesmo que você não tenha dormido o suficiente. Adiar o xixi por mais 10 minutos (que facilmente se tornam horas) porque ele precisa de você. Eu sei o não poder (e nem querer!) o cinema ou a depilação simplesmente porque não cabem mais. Eu também senti que nunca mais teria vida novamente, ou, pelo menos, não a mesma vida que eu conhecia como minha. É um processo de luto pela mulher que você foi antes de se tornar mãe.

A gente aceita esse novo estilo de vida e vai abrindo mão de outras tantas coisas que fazíamos, que gostávamos, que nos completavam. Vamos nos dedicando à prioridade no momento e classificamos todo o resto como adiável: "Depois eu penso, depois eu faço", diz uma voz na sua mente, enquanto te passa um potinho de vidro. Vamos guardando "partes" nossas nesse potinho e o colocamos na geladeira para não "estragar". Afinal, mesmo não conseguindo usar agora, não queremos jogar fora, e algum dia voltaremos a usar aqueles pedacinhos. "Com certeza! Claro!"

E assim é como tem que ser no início da vida de seu bebê. É o vínculo, a relação sendo criada. O problema começa quando nos esquecemos desse potinho. Por várias vezes, entre uma limpeza e outra da "geladeira", reencontramos esse potinho lá. Quantas vezes o olhamos com carinho, saudosas, mas, sempre muito ocupadas com todo o resto à sua volta, decidimos que é "melhor nem mexer nisso agora!"

Eu deveria ter aberto esse potinho, mesmo que apenas para sentir o cheirinho do que estava ali dentro guardado, e me lembrar de mim. Mas eu não o fiz. Na verdade, o empurrei mais para o fundo da geladeira para abrir espaço para a gelatina — de que eu nem gostava, mas meu filho amava. Depois de dois anos fazendo isso, grávida do terceiro, resolvi colocar o potinho no freezer para tentar salvar o que tinha vivo ali. Você também?

Aí chega aquele dia em que seu filho ou alguém te pergunta: "O que você mais gosta de fazer?", e a sua resposta é uma coisa que o seu filho gosta de fazer, como "ir ao parquinho", "assistir desenhos" ou "comer no restaurante X, que meu filho gosta e onde se diverte tanto." Por mais que você ame o seu filho e ame vê-lo feliz, a pergunta não foi sobre ele... foi sobre você!

Não me entenda mal, minha querida, não é uma crítica. Eu mesma respondi isso por nove anos! Até entender que ir ao parquinho mantinha meu filho ocupado e eu encontrava outras mães para conversar. Gostava desse restaurante porque finalmente ele comia tudo, sem discussão. Os desenhos me davam a chance de me sentar e pensar em nada, ou não ter que ouvir "mamãe" por cinco minutos. Porém, se eu pudesse escolher aonde ir, o que comer e o que fazer sem me preocupar com meu filho... minhas respostas seriam mesmo essas?

É muito fácil se perder de si mesma e nem notar. Definir-se mais pelo que os outros veem do que por você mesma. Para mim, o clique foi quando tive de me apresentar para o time da empresa do marido. Só me vinham à mente "mãe", "mulher" e alguém que eu já tinha sido. Tudo o que eu pensava era passado, nada era presente. Todas as respostas eram pessoas que eu já tinha sido, fosse porque eu não fazia mais o que me lembrava ou porque nem queria mais fazer.

E aí as grandes perguntas aparecem: "Afinal, quem sou eu? O que eu gosto de fazer? O que eu faço aqui?"

E eu me lembrei do potinho! Afinal, está tudo lá! Todas as respostas! Eu abri o potinho guardado há tantos anos no freezer, animada para me reencontrar. Só que passou tanto tempo que muito do que estava ali dentro estragou, azedou. Alguns cheiros e gostos ainda me refletiam, com certeza; porém havia outros tantos que não me serviam mais, apodreceram.

Junto com a sensação de desânimo, voltam ainda mais duras as perguntas: "Então, quem eu sou? O que eu gosto? O que me move?" E quanto mais tempo seu potinho ficou guardado, mais você percebe que sua autoestima também se estragou e deixou no lugar uma "impostora" que caminha sempre ao seu lado, cochichando que tudo vai dar errado.

Essa é a hora de olhar para dentro, focar na auto-observação e no autoconhecimento. E é normal encontrar tristeza e medo. Medo dos outros, das críticas, de não dar certo. Eu me sentia improdutiva, sem propósito, com inveja de tanta mulher porreta por aí mudando o mundo e eu aqui, com medo de descobrir o meu caminho.

Notei que não tomava decisões sozinha, porque a minha vida não era mais só minha — me coloquei em um lugar em que meu principal trabalho era manter a casa e a família funcionando. Percebi o quanto abri mão de mim pelos filhos — afinal, sempre foi assim... Notei que pedia permissão ou opinião sobre as minhas vontades, compras, cursos, sempre buscando autorização, quando deveria apenas fazer, como sempre fiz. Insegurança que chama, né?

Sei que ficamos tão perdidas que respondemos "Ora, mas que opção eu tenho? Eu queria ir passar carnaval solteira em Salvador, comendo ostras frescas?" Eu continuava respondendo assim, me conformando e empilhando mais desculpas sobre as minhas vontades.

A reflexão é: por que não seguir o caminho do meio? Por que não ir a Salvador para um dia de carnaval, e outros três com filhos, sossegada? Por que não comer as ostras frescas uma noite, deixar a cria comer batata frita e depois voltar para pratos de cinco cores perfeitos? Por que não curtir um carnaval com crianças ao invés de nenhum?

"Ah, mas você é egoísta, né? Custa só esperar o filho ter 15 anos para fazer isso de novo?" Eu também já me respondi isso. Essa impostora que vem te entregar o potinho é muito boa em nos dar desculpas! E eu comecei a rebater: "E por que não apresentar aos meus filhos as minhas paixões?" Comecei a fazer por mim. Para mim.

Não é egoísmo olhar para você. Não é egoísmo se colocar na lista de prioridades, se atender e cuidar de si, como cuidamos de todos. Não podemos nos esquecer de que somos as únicas responsáveis por nos fazer felizes. Não é egoísmo tentar conciliar uma coisa de que você gosta com a vida da família. Pode acreditar. Você vai ficar mais feliz e disposta se for ouvida e atendida e, com isso, será uma mãe e uma esposa melhor. Todos na casa se beneficiarão.

Não espere chegar ao ponto de não saber responder do que você gosta. Não se perca de você. Abra seu potinho frequentemente para poder usar o que ainda está bom e trocar os ingredientes velhos por novos!

Se o seu potinho azedou completamente, não desanime. Você precisará conhecer essa pessoa nova que aí está. Não é fácil encontrar o caminho de volta, mas em compensação você pode encher esse potinho de ingredientes frescos.

Como? Um bom lugar para começar é voltar à sua infância: o que você gostava de fazer? Pintar? Dançar? Cantar? Escrever? Abra a sua cabeça junto com seu potinho e experimente coisas novas: esportes, amigos, viagens... atividades que sempre quis tentar, ou nunca pensou em fazer — por que não?

A boa notícia é que esse processo nunca acaba! É constante e infinito. Você sempre pode encontrar novas atividades que façam seu coração bater mais forte, que te tragam plenitude e a sensação de estar viva. De se reencontrar com você.

E cada vez que você se encontrar, celebre, comemore. Guarde o ingrediente com carinho no seu potinho e lembre-se de voltar sempre! Em breve você terá um potinho cheio de uma nova você! E tenho certeza de que, dessa vez, você não se perderá mais!

Beijos de uma mãe que estava perdida mas que sempre busca se reencontrar!

Ursula

De: Fernanda Diniz

Para: ***Uma mãe que precisa fazer as pazes com o corpo***

Querida amiga,

Escrevo mais para mim mesma que para você, pois eu também me encontro, neste momento, tentando fazer as pazes com o espelho e com o corpo que vejo nele refletido.

A verdade é que venho em um processo de muitos anos insatisfeita com meu corpo. Já busquei dietas milagrosas, já tomei medicamento para emagrecer (e isso muito antes de ter filhos), já tentei buscar soluções mágicas e almejei um corpo que, na verdade, não me pertence.

Posso dizer que passei pelo menos metade da minha vida brigando com a balança. Não me orgulho disso, e sei o quanto isso interfere no meu psicológico e na minha autoestima.

Quando engravidei da minha primeira filha, a Giovanna, levei muito tempo para me deixar fotografar grávida. Tudo porque já me julgava com a barriga grande e achava que seria ridículo tirar fotos com pouco tempo de gravidez e uma barriga que já parecia de mais de três meses, algo tão fora dos "ditos" padrões de beleza.

Com a gravidez já avançada, desfilei muito meu barrigão e tirei todas as fotos possíveis e imagináveis. Ah! Vale contar que engordei em torno de 11 quilos durante todo o período de gravidez, o que não é considerado muito.

Veio o primeiro ano de vida com um bebê e, por incrível que pareça, voltei rapidamente ao meu peso de quando me descobri grávida. Mas eu queria emagrecer mais, afinal, minha irmã ia se casar e eu achava que precisava estar mais magra para sair bem nas fotos. Fiz dieta e me joguei nas atividades físicas, porém com a Giovanna ainda mamando em mim. Missão cumprida, não precisou muito tempo para eu me descuidar novamente e recuperar alguns dos quilos perdidos.

Passei um longo período com o peso estagnado e sempre dizia que gostaria de emagrecer antes de engravidar novamente. Isso, no entanto, não aconteceu. Engravidei do Matheus com o mesmo peso com que engravidara da Giovanna. Só que agora eu pouco me importei com estar acima do peso. Tirei fotos da barriga desde o momento em que soube que estava grávida. E sobre isso, eu te digo, minha cara amiga: foi libertador! Como eu gostaria de ter feito isso lá na primeira gestação!

Mais uma vez, não engordei tanto. Uns dois ou três quilos a mais que na gestação da Giovanna. O sentimento, dessa vez, é que foi diferente. Eu me lembro perfeitamente da minha filha chegando para nos visitar no hospital, colocar as mãozinhas na minha barriga e dizer: "Mas ainda tá grande, mãe!"

Expliquei que leva um tempo para a barriga diminuir, apesar de o bebê já estar fora. E, por incrível que pareça, naquele momento eu estava muito tranquila e serena. Permiti acolher meu corpo e tudo o que ele havia acabado de vivenciar. E compartilho com você nesta carta para que você possa fazer o mesmo.

Mais tarde naquele dia, quando fui ao banheiro, olhei bem para meu reflexo no espelho. Eu estava toda dolorida! Todo o esforço feito durante o parto se refletia não só nas partes baixas, mas por todo lado: ombro, costas, tudo dolorido. Mas me olhei com carinho. Sim, vai levar um tempo pra barriga diminuir. Vai levar um tempo para minhas roupas voltarem a me servir. Vai levar um tempo até que eu possa voltar a fazer alguma atividade física e cuidar do meu corpo. Naquele momento, contudo, eu só podia olhar para ele com muito orgulho. Ele havia acabado de fazer um tremendo trabalho! E não estou falando do parto em si, mas de toda a caminhada durante esses nove meses. Gerar uma vida é o milagre mais lindo, e o corpo da mulher é capaz disso!

Olhei bem para a minha imagem refletida no espelho e falei em voz alta:

"Você fez um trabalho incrível, cara! Parabéns, e obrigada! Vai levar um tempo até que eu olhe para as suas necessidades, mas não tenho pressa. No momento só posso olhar pra você com carinho, respeito e gratidão. E com um orgulho danado! Sou muito grata por tudo que você fez e só posso me orgulhar de tudo que você me mostrou que sou capaz de fazer. E pela segunda vez! Valeu mesmo! Sou sua fã! E mesmo não podendo cuidar de você agora, saiba que te considero pra caramba!"

E não parei por aí, disse ainda o seguinte:

"Você agora vai continuar uma missão linda e trabalhar na produção de leite para que eu possa mais uma vez nutrir o ser que foi gerado aí dentro. E ainda vai precisar me sustentar quando eu achar que não vou mais conseguir. Então, obrigada também por isso! Prometo olhar com carinho pra você sempre, e não recriminar o que julgar 'fora do lugar' ou fora dos padrões de beleza. Prometo me lembrar de que você é muito mais que isso. E assim que possível olharemos juntos para suas necessidades, ok? Eu sei que você já fez uma enorme jornada, mas aguenta firme mais um pouquinho. Estamos juntos nessa!"

Já faz um ano que meu filho nasceu. A barriga continua grande. Não voltei ao meu peso de antes de engravidar. Mas cada vez que penso em me cobrar, eu me lembro do trabalho incrível que meu corpo fez e dos motivos que o levaram a ficar nesse formato. Eu sinto que chegou o momento de olhar para as necessidades dele por uma questão de saúde, bem-estar e até autoestima. Sim, também estou usando ainda algumas das minhas roupas de grávida. Aquele jeans de que eu tanto gostava ainda não entra. E isso me incomoda. Porém, não a ponto de me odiar e me cobrar um corpo padrão de beleza neste momento.

E era a esse ponto que eu queria chegar. Você, minha amiga que ainda está no puerpério. Ou você, que já está com os filhos grandinhos mas nunca mais se olhou no espelho com carinho. Você, que quando se olha só vê os defeitos e os quilos a mais que a gestação lhe trouxe. Eu sei que pode ser que você nem se reconheça mais nesse reflexo. Talvez você nem goste mais de se olhar. O que eu quero te dizer é: Se olhe. Se acolha. Se abrace. Reconheça o trabalho lindo que seu corpo foi capaz de fazer ao gerar e nutrir uma vida! Aliás, reconheça o trabalho lindo que ele ainda faz te sustentando de pé, sendo colo e abrigo para essa pequena ou grande vida que você gerou.

Respeite seu tempo. Respeite as formas do seu novo corpo. E se achar que é hora de cuidar mais um pouquinho dele, faça sem cobrança, sem neura, sem uma corrida maluca contra o tempo para chegar a um peso ideal. Afinal, o que é o ideal? Busque o seu ideal, e não aquele imposto pela sociedade. E aí, no seu tempo, cuide para ficar de um jeito que a deixe realizada. Faça as pazes com seu reflexo e com o seu amor-próprio. E seja feliz! É o que estou tentando fazer por aqui. Vamos juntas?

Um beijo carinhoso,

Fernanda

De: Malu Botta

Para: ***Uma mãe que não se reconhece mais***

Querida,

Eu poderia começar esta carta de diversas maneiras. Poderia florear, poderia "preparar o terreno", como dizem. Mas a verdade é que te escrevo como um alerta, ou talvez como um desabafo, mesmo, para que eu diga a cada célula do meu corpo que eu estou aqui, eu existo e sou alguém além da maternidade.

Quero que saiba que eu me perdi de mim. Eu me perdi de mim após a maternidade, e foi uma batalha muito grande voltar a me encontrar.

Não quero que se assuste, essa não é a minha intenção. Entenda as minhas palavras como um abraço, o carinho de uma amiga que talvez conheça alguma de suas dores, ou ainda alguma dor que você venha a sentir após o nascimento do maior amor do mundo.

Tem um jargão popular aqui onde eu moro: quando está muito calor, dizemos "tem um sol para cada um". E eu te digo, na maternidade tem uma dor para cada uma. Descanse nessa certeza de que você não está sozinha.

Eu me perdi de mim ao não saber mais quem eu era após meus filhos. Mas eu não percebi assim tão rápido. Eu tive filhos saudáveis, tive rede de apoio, e nada disso evitou que eu sentisse um vazio constante que não conseguia nomear.

Quando meus filhos nasceram, um após o outro, esconderam as chaves do meu labirinto particular. Aquele labirinto em que entramos no puerpério. Aquele no qual rodamos em círculos até encontrar a saída e descobrir que existe uma mulher por baixo das pilhas de fraldas.

Para mim foi um pouco mais difícil encontrar a saída dele.

Eu me considero uma boa mãe e eu não sabia que poderia ser uma mãe ainda melhor quando estivesse realmente feliz. Sim, eu sei que estas palavras podem soar injustas quando você tem três crianças saudáveis em casa, mas aceitar que eu não estava completa foi um passo fundamental para mim, e talvez seja para você também.

O vazio que eu tanto sentia e não conseguia nomear tinha nome e sobrenome, era falta de mim.

Percebi que eu havia me perdido de mim quando estávamos em um hotel com nossos filhos, era sábado à tarde e chovia bastante. Nunca imaginei que os raios e trovões me atingiriam de forma tão abrupta naquele dia. Mas a realidade do que aconteceu ali caiu como uma bomba que me fez perder o ar e a direção.

Eu explico. Estávamos em uma dinâmica de pais, e o recreador nos colocou sentados em círculo. Ele passava o microfone, e todos deveriam se apresentar. Na época meus filhos mais novos tinham 3 anos, e o mais velho, 5. Eu não consigo descrever para você o medo, a angústia e a vergonha que eu sentia à medida que o microfone era passado de mão em mão e estava cada vez mais perto de mim.

A tarefa era simples. Nós deveríamos dizer nosso nome, de onde éramos, e qual era o nosso hobby. Simples, né?

Simples quando você tem um hobby. Simples quando você se conhece a ponto de saber pelo menos uma coisa que você goste de fazer sem ser olhar para aqueles olhinhos ou segurar aquele amor no colo por horas. Eu poderia dizer maternidade? Era a única coisa que me vinha à cabeça. Eu sou mãe, poxa! Por que eu deveria gostar de fazer alguma outra coisa?

Conforme o microfone era passado, eu percebia que aquele vazio ia sendo nomeado, e me senti invadida, atropelada, derrubada. Chovia dentro de mim. Eu era mãe, eu amo ser mãe, mas não pode ser só isso. Eu sou uma pessoa, o que mais eu gosto de fazer?

Chegou a minha vez e as palavras saíram da minha boca para confirmar o que minha alma já gritava. "Olha, eu sou mãe de três crianças, e no momento acho que meu hobby é ficar com meus filhos." Todos acharam justo, eu podia ver as cabeças concordando comigo. Mas eu não concordava, e foi como despertar. A chuva inundou meus olhos e as lágrimas começaram a escorrer.

Eu me perdi de mim e de repente passou a ser urgente me reencontrar; fiquei obcecada por descobrir quem era essa mulher após três filhos.

O nosso reencontro não foi óbvio; foi dolorido. Tivemos que derrubar muitas crenças. Ele aconteceu aos poucos, foi revelado quando eu desenrolei meu tapete de ioga pela primeira vez.

Você deve estar se perguntando o que a ioga tem a ver com isso. Eu te conto. Eu havia comprado o tapete dois anos antes, talvez em uma tentativa de sair do casulo; um momento de clareza sobre mim, mas que logo passou. E ele foi deixado ali, enrolado, por dois anos inteirinhos. Enrolado no canto do meu quarto. Meus filhos e meu marido me perguntavam sobre ele e eu dizia que assim que tivesse tempo, que estivesse mais magra ou que o céu estivesse perfeitamente azul, eu começaria.

Eu estava fugindo de mim.

Parece bobo, né? Mas de alguma forma eu fugia de mim através do tapete de ioga, e isso representava toda uma parte de mim deixada de lado.

Ao tentar buscar um equilíbrio nos tempos difíceis que passamos durante a pandemia, com três filhos em casa e sem ajuda nenhuma, em algum momento em meio ao caos interno e externo que passávamos, eu desenrolei o tapete e comecei a me alongar.

E foi assim, como forma de extravasar toda a vontade de transformação e transbordar todo o estado de sofrimento em que eu e o mundo inteiro estávamos, que abri o tapete, liguei um vídeo qualquer na internet e comecei a reproduzir as posturas. Mas eu tinha vergonha; ainda faltava flexibilidade, além do corpo, na alma.

Aos poucos a vergonha foi passando e eu fui me reencontrando em cada postura. A flexibilidade da ioga me trouxe a flexibilidade para encontrar a mulher que eu era agora, a mulher que eu sempre fui e que agora tinha três pacotinhos de amor.

Minha querida, encontre a sua ioga, encontre aquilo que te traga à superfície, respire bem fundo e se lembre de quem você é além da maternidade. Isso te dará o fôlego necessário para ser uma mãe melhor. Isso te mostrará que a maternidade não é perfeita, mas existe uma chance para cada uma de nós de sermos o melhor que pudermos ser, sem cobranças, sem exigências e sem amarras.

Você pode ser o que quiser após a maternidade. A mãe que sai para trabalhar todos os dias, e ainda assim a mãe de que os seus filhos precisam. Ou você pode ficar em casa com eles, se isso for uma certeza para você e se te preencher, e ser a melhor mãe para eles. Você não precisa caber em caixa nenhuma, você pode ser o que quiser. Só não se permita ser incompleta. O vazio arranca pedaços importantes de nós e nos tira a clareza do que é belo.

Com amor,

Malu

De: Jéssica Araújo

Para: ***Uma mãe que precisa cozinhar***

Olá, querida amiga,

Tudo bem? Vou começar nosso papo com algumas perguntas provocativas. Você sabe cozinhar? Se sim, você tem prazer ao realizar essa tarefa? Se não sente prazer, o que te impede de sentir? E se não sabe cozinhar, já pensou em aprender? Ou fazer algum curso? O que cozinhar representa para você?

Nesta carta quero falar sobre minha relação com a cozinha e como ela melhorou após a maternidade. Por muito tempo eu pensei que cozinhar não era para mim, ou que eu não tinha o dom. Mas não é exatamente assim. Com um pouco de treino, organização e amor podemos fazer pratos deliciosos, acredite!

Quando eu era solteira, não cozinhava na casa dos meus pais. A rotina puxada de trabalhar o dia todo e estudar à noite muitas vezes me impedia de me aventurar mais com as panelas. Na semana do meu casamento, meu pai me deu umas dicas, mas nada como a prática para de fato aprender. Costumo dizer que o YouTube foi meu grande parceiro nessa jornada de aprender a cozinhar. Meus primeiros passos na cozinha foram com a ajuda de tutoriais.

Sempre gostei de me alimentar de forma equilibrada, e fazia legumes quase todos os dias. Porém não era atrativa a forma como eu servia. Cozinhava chuchu, abobrinha, cenoura e outros vegetais na água, com sal e alguns temperos. Ficava frustrada porque meu marido não se interessava muito, e hoje entendo... Legumes cozidos na água não são nada simpáticos.

Com o tempo descobri que o forno pode ser um grande aliado no preparo dos vegetais. Experimentei a couve e o brócolis crocantes, regados com um bom azeite de oliva e sal. E a páprica, ah! Desde que a conheci, nunca mais fiquei sem páprica em minha cozinha. Ela tem um sabor incrível, que faz toda a diferença nas preparações.

Sabia que há diversas formas de oferecermos legumes? Cenoura ou repolho podem se tornar farofas nutritivas e saborosas. Quiabo, couve-flor ou chuchu bem temperadinhos e feitos na frigideira ficam deliciosos. Há também a possibilidade de enriquecermos o arroz com vagem, couve, cenoura ou espinafre. O molho à bolonhesa pode ficar mais nutritivo com legumes picados em pequenos cubos, ou ralados. E já experimentou purê de mandioca ou de batata-salsa? Ficam divinos!

Acho muito válido citar aqui e honrar algumas mulheres que me inspiraram e me ajudaram a mudar o meu olhar para a cozinha. Através do Instagram, elas ensinam diariamente receitas e técnicas que ajudam muito.

Fernanda Fontoura tem um perfil chamado *Comidinhas da Diana,* e mais quatro livros de receitas e sugestões de pratos que facilitam muito a vida de quem cozinha diariamente. Tudo que ela compartilha tem muito amor e qualidade.

Renata Baudisch, após descobrir que a filha possuía múltiplas alergias, precisou se reinventar na cozinha, e depois de um tempo passou a compartilhar suas receitas e a rotina na cozinha, inspirando muitas mães de alérgicos e não alérgicos.

Jeisa Tartari compartilha diariamente sua rotina e inspira muito também. Ela ensina a fazer a organização alimentar de modo que tenhamos pratos congelados com sabor de feitos na hora, e explica como cozinhar uma vez por semana as refeições da semana inteira, além de dividir receitas deliciosas.

E por último, mas não menos importante, Rita Lobo, com sua simpatia, ensina a arte de cozinhar de uma forma prática e ao mesmo tempo poética.

Essas mulheres me ajudaram e me ajudam a construir um caminho mais leve. Com elas aprendi que cozinhar é um ato de amor, a nós mesmas e à nossa família; é liberdade, empoderamento, aprendizado constante; é também exercitar a criatividade, ver os alimentos além da função de saciar a fome, mas apreciar as cores, os aromas, as texturas, os mais variados sabores.

Depois que desenvolvemos esse olhar diferente para o ato de cozinhar, ao passearmos pela feira ou mercado municipal, somos outra pessoa, que admira o que antes passava despercebido de nossos olhares. Passamos a apreciar o aroma das uvas de longe, enxergamos mais nítidas as cores verde, vermelho e amarelo dos pimentões, notamos a diversidade de texturas tocando na delicadeza dos tomates ou na casca áspera do inhame. Aprendemos quando é a época de cada alimento.

Mas trazendo agora o assunto maternidade, quando meu bebê começou a fase de introdução alimentar, decidimos pedir o auxílio de uma nutricionista materno-infantil, e foi uma decisão muito assertiva. Eu, mãe de primeira viagem, leiga no assunto, e meu marido, que dominava pouco da culinária, realmente precisávamos de apoio e ajuda da nutri, que somou muito em nossas escolhas.

No dia em que fomos atendidos no consultório, ela nos explicou que nessa fase de introdução alimentar muitas famílias acabam mudando alguns hábitos, buscando uma alimentação mais equilibrada. E foi o que aconteceu. Passamos a nos preocupar mais com o que consumíamos.

Antes da chegada de nosso bebê, em nosso armário da cozinha não faltavam bolacha recheada e chocolates. Isso mudou, e foi positivo, não só para a nossa saúde, mas também para o nosso bolso. Não digo que nunca mais comi guloseimas. Sim, às vezes tenho vontade, vou ao mercado e compro, mas de forma bem menos frequente e mais equilibrada.

Durante a consulta, a nutri também explicou sobre a importância de as refeições serem feitas à mesa, e sempre que possível, com todos juntos. Não tínhamos esse hábito. Geralmente o almoço e a janta eram na sala, em frente à TV.

Eu sempre soube que a refeição é algo sagrado, mas não dava a devida importância. Hoje me esforço para que façamos as refeições juntos, à mesa, sempre que possível. Semanalmente busco enfeitar a mesa com uma flor num vidrinho com água, para alegrar o ambiente; eu mesma colho. Parece algo simples, mas faz muita diferença.

Na hora da refeição, meu bebê já sabe onde é o lugar dele na mesa, e é interessante como eles gostam de se sentir parte. Também, aos poucos, tenho mostrado sobre a importância de agradecer pelo alimento.

Teve uma ocasião que me marcou muito. Fiz couve crocante no jantar e servi numa tigela retangular rosa-escuro. Meu pequeno notou e no dia seguinte foi até o armário e pegou a mesma tigela e colocou na mesa, com a intenção de sinalizar "mamãe, eu gostei dessa forma que você serviu, vamos fazer hoje de novo". As crianças amam se sentir úteis e importantes. E ele se sentiu útil me ajudando a arrumar a mesa.

Nessa minha jornada de cozinhar, também há dias que tenho zero vontade de fazer qualquer coisa. E está ok passar por esses dias, desde que não vire rotina. Está tudo bem se vez ou outra pedirmos pizza; sair da rotina também é importante.

Teve dias que eu observava em mim certa raiva da cozinha. Olhava a pia cheia de louças, a geladeira cheia de potes para esvaziar, pouca visibilidade do que precisava ser consumido antes que estragasse, os armários lotados de potes e bagunça, e o armário de alimentos cheio de produtos que eu nem lembrava que tinha comprado. Toda essa desordem gerava muito desperdício.

Para que a rotina na cozinha flua, é preciso se livrar dos excessos, manter somente aquilo que é útil e de fato será utilizado com frequência. É também preciso que seja um ambiente funcional, que possamos encontrar com facilidade tudo o que precisamos.

Na hora de cozinhar há quem prefira fazer cardápio semanal, ou preparar refeições com o que tem disponível. Não há jeito certo ou errado, há o jeito que fica melhor para você, dentro da sua realidade.

À medida que vamos criando o hábito de cozinhar, vamos também adaptando as técnicas, testando outros formatos, avaliando se é melhor cozinhar durante o dia ou à noite. E após a chegada dos filhos, o freezer será seu melhor amigo. É maravilhosa a sensação de estar com fome, com pouco tempo ou pouca paciência para cozinhar, e tirar do congelador aquela porção nutritiva e saudável que você congelou semana passada.

Na minha casa, tudo que eu posso congelar eu congelo, até pão sovado que compro na padaria. Compro para a semana, e conforme vamos consumindo, vou descongelando. Com bebê, nem sempre conseguimos sair para comprar pão e outros alimentos, e ter congelado facilita a vida e otimiza nosso tempo.

Sobre a louça acumular, a melhor coisa a fazer é não permitir que acumule. Nem sempre é possível, mas ajuda muito. Eu olhava para a pia lotada e isso me gerava certa aflição. Parece que olhar aquilo era mais sofrido do que de fato ir até lá e lavar. Procuro pensar assim: vou levar 10, 20 minutos para lavar? Ok, então vou lavar. É melhor passar vinte minutos lavando a louça do que ficar o dia todo irritada e pensando "preciso lavar a louça".

Outro hábito que tem me ajudado muito é não deixar louça para o dia seguinte; acordar com a pia organizadinha dá muita paz. Parece bobagem, mas nosso dia é composto por pequenas tarefas, pequenas ações.

Quando fazemos o que tem de ser feito na hora que tem de ser feito, sem deixar para depois, usamos nossa energia para o que é relevante, e não desperdiçamos energia "sofrendo" pelo que ainda não foi feito.

Mas compreendo também que nem sempre será possível fazer o que tem de ser feito na hora que precisa ser feito, principalmente às mães de bebês. Pode ser que bem na hora de pôr a cozinha em ordem o bebê queira colo e atenção. E eu sugiro que você dê colo e atenção; logo essa fase passa, e nesse caso a louça pode esperar. Sei que a bagunça irrita, mas entre deixar a cozinha arrumada e atender o bebê, atenda seu bebê.

Tem também a fase em que os bebês tiram tudo do armário, potes e panelas. Sugiro paciência. Logo esse período também vai passar. São os desafios que toda mãe vive.

Então, querida mãe, eu espero de alguma forma ter contribuído e te ajudado a olhar com outras lentes para a cozinha. Saiba que é um processo; haverá dias mais desafiadores, outros menos. Dias em que vai baixar em nós a *master chef* e cozinharemos como nunca, ou dias em que o delivery será a melhor escolha.

Lembre-se também do congelamento, agiliza muito nossa vida. Desejo que tudo aquilo que você se propuser a fazer tenha boas porções de carinho, muitas colheres de dedicação e aquela pitada de amor, que faz toda a diferença.

Um abraço!

Jéssica

Para quando se sentir sozinha

De: Karine Mattos

Para: ***Uma mãe que se sente só***

Olá, amiga de silêncios, vamos conversar?

"Positivo! E agora?". Persistentes, esperadas e tão suaves duas linhas rosas. Quase não deu pra ver a segunda, não foi? Sei que o coração foi parar na boca, e desconfio que você nunca sentiu o gosto do suspense tão perto da língua, tão nítido, tão docilmente amargo. Pra quem você contou primeiro? Porque eu escolhi as amigas presentes, aquele grupo de três nomes do WhatsApp que acompanhavam minha espera todos os meses. "Tenho uma surpresa"; "Alô, você está sentada?"; "Titia já ama?"... E a avalanche começou. Fui e continuo sendo a única mãe desse grupo, pelo menos por enquanto, mas essa era apenas a primeira sensação que seria apenas minha.

Barriga cresceu, expectativa também. Presentes, chá de bebê, tudo organizado com ajuda das amigas. A decoração inteira feita por nossas mãos, com EVA colorido, juntas, enquanto a gente sorria imaginando como seria o rosto do meu filho. Crescia dentro de mim um filho, porém também uma ilusão de uma vida pós-parto não conhecida. Imagino que com você também foi assim; afinal, que mãe incrível somos antes de parir, não é? Que mãe incrível você era nos seus julgamentos anteriores, nos olhares de supermercado, no "se fosse meu filho"... E você pensava que ainda seria a mesma depois que o dia chegasse? O parto vem e rouba o nome que tínhamos. Falam muito sobre a beleza de carregar o recém-nascido no colo, mas ninguém tinha me contado da solidão que há em olhar para o espelho e não me ver mais.

Talvez você, minha amiga, tenha levado seu filho para casa como uma cozinheira levando ingredientes de uma infalível receita — era só aplicar, tudo correria bem. Mas você não contava com a falta do gás, da energia, do combustível que some em meio ao cansaço das madrugadas, da saudade que se sente de ser só uma. Está tudo bem sentir falta de si mesma, não se julgue. Tem amor demais no processo, e eu acredito. Só que a saudade faz parte da mudança que nos acomete no maternar. Como você se sente diante do mundo enquanto o seu colo é ocupado?

No meu apartamento havia uma janela da sala. O sol entrava por ali durante a tarde e batia no sofá, meu lugar preferido do puerpério. Tinha uma televisão, mas eu assistia ao mundo pela minha janela. Lembro nitidamente da sensação de balançar um bebê olhando o sol ir embora e sentir que o mundo continuava — porém lá fora, sem mim. Um dia depois do outro, uma fralda depois da outra e eu ali, na mesma janela. As amigas continuavam no WhatsApp, e quando podiam, visitavam. A vida delas continuava, e eu sorrateiramente começava a alimentar um sentimento angustiante de não mais me sentir parte das coisas.

Maternidade é incrível? Sim. Mas ela não é para egoístas, pois no topo dos preços que cobra está a renúncia. E há um limite sutil entre a renúncia e a exclusão. Eu sei que você precisa abrir mão de muitas coisas para ser mãe, mas não a ponto de excluir quem é. Te digo isso com o nó na garganta de quem quase se perdeu no mar de uma felicidade extrema de criar um filho versus a angústia de se perceber sumindo, sozinha, como se ninguém me visse no meio de tantas outras janelas, como se as amigas não se lembrassem, o companheiro, o trabalho, o mundo todo, só que a verdade era outra: era eu quem me anulava.

Seu filho não quer a mãe que abre mão de tudo para deixar a casa impecável, as roupas organizadas, a comida pronta, a vida em ordem. Ele também não precisa tanto de você como parece; às vezes somos nós que precisamos da sensação de sermos essenciais, exclusivas, necessárias. Ser insubstituível dói. Sentir-se invisível diante de quem amamos, ainda mais.

E é por isso que eu me dirijo à sua solidão: há vida por trás dessa janela. Por mais que hoje você sinta um peso imenso de ver os dias passarem e sua única companhia diária seja a de um bebê, você não está só. Contemple por meio desta carta um condomínio inteiro de janelas com mães exatamente como você. Estamos aqui, aos montes, resistindo em lembrar nosso próprio nome. Estamos aqui e repetimos até que ecoe em cada sala: não estamos sozinhas.

Quando o pó que embaça seus olhos e sufoca sua voz for soprado, você verá que as amizades verdadeiras permanecem, ou são encontradas no caminho. Eu ainda tenho o mesmo grupo de três amigas, porque elas insistiram em me lembrar de quem eu era, mas não apesar da maternidade, e sim por causa dela. Me tornei mais forte, e você também será. Encontre as amizades nas telas, nos grupos, no apoio de quem fala o que dói. Estamos aqui, na janela ao lado, consegue nos ver? Deixe o sol entrar.

Com o carinho de quem chama seu nome, ainda que jamais o saiba,

Karine

De: Marcela Roos

Para: ***Uma mãe com dificuldade em pedir ajuda***

Olá, querida amiga que se sente só,

Encontre sua tribo.

Você me contou sobre o caos que aconteceu na sua vida após a chegada do seu pequeno. Me falou sobre estar aos pedaços, com um bebê para cuidar e absolutamente ninguém para te ajudar. Sim, amiga, eu sofri muito também. Eu te entendo, te acolho, e digo mais, queria poder te dar colo, morar bem pertinho de você para te oferecer meu apoio, meus braços, carinho, pernas, pés e tudo o mais que estivesse ao meu alcance. Você me contou que muitas pessoas se afastaram, e as poucas que permaneceram não te compreendem. Muito triste tudo isso, mas infelizmente não me espanto. Eu também sentia que precisava de apoio, mas o suporte que os que estavam à minha volta podiam me oferecer não era o que eu realmente necessitava.

Quase chorei quando você me contou que estava passando fome, sede, que tinha dias que você estava tão exausta que dormia sem banho. Nenhuma mãe deveria ser abandonada à própria sorte para criar o seu filho. Se te acalma um pouquinho por aqui, passei, e, diga-se de passagem, ainda passo por dias em que preciso de espaço com os meus filhotes. E a casa, a comida, as roupas só se acumulam. Assim como existem muitos momentos em que o que eu preciso mesmo é que alguém segure as minhas crias por algum tempo para eu me recompor. Só que ninguém é capaz de oferecer a ajuda de que você realmente precisa. E do que eu preciso? Só você pode saber. Mas cuidar um pouquinho de si pode ser um bom começo.

E depois de muito tempo me desdobrando cheguei a uma conclusão: a questão não é se antigamente existiam tribos, muita gente ajudando. Se hoje as estruturas familiares são muito menores. Se foi no antigo Egito ou agora, nem mesmo apegar-se ao ditado antigo, "é preciso uma aldeia para criar uma criança". O que importa, de verdade, é entender e saber o que você quer, o que você precisa. Ei, não fique tensa. Eu concordo com o ditado, tá? Realmente a aldeia é de extrema importância no nosso maternar, mas sem o bendito autoconhecimento, minha riqueza, você vai acabar sendo levada pela sua rede de apoio, que muitas vezes tem informações desatualizadas, não está alinhada com você, ou simplesmente desaparece quando o bebê chora ou começa a andar.

Eu descobri que mesmo brigando com o cosmos, com a vida, com o mundo, sem que eu soubesse o que era necessário para o meu maternar, para a minha vida, ninguém poderia me ajudar. Eu só estaria agradando e dando espaço para as pessoas fazerem o que elas queriam. E eu? Sentindo-me triste, sobrecarregada e desconectada comigo e com os meus pequenos. Faz sentido pra você? Sabendo o que queremos, então chegamos ao ápice para todas nós: entender o que é de verdade uma rede de apoio, que vai muito além de parentes, médicos e afins. O que quero dizer é que, se você não entender o que é uma rede de apoio e do que você precisa naquele determinado momento, você pode ter 500 pessoas ao seu dispor e não estará satisfeita. Tá, exagerei um pouco. Com mil mãos daria para ser absolutamente feliz em suas escolhas.

Busque uma rede de apoio para chamar de sua; eu preciso da minha e você precisa da sua. Entra nessa corrente; mulheres juntas são muito poderosas, somos solidárias e estendemos as mãos. A companhia de mulheres que estão vivendo o mesmo que você é potente demais. Pense na rede de apoio como uma amiga que te escuta, mesmo por WhatsApp. Digo e repito: escuta, sem julgamentos ou soluções. Aquela vizinha que te leva uma marmita, com quem você pode contar para que embale o seu pequeno enquanto você toma um banho. Li esses dias a seguinte frase: "Seja uma mulher possível. Você não precisa ser a mulher maravilha, a mulher perfeita ou a mulher multitarefas. Cuide de você e incentive outras mulheres a serem menos heroínas e mais reais." É sobre isso! Temos a impressão, no sentido da palavra mesmo, porque foi marcado em nós na nossa infância, de possuir esse poder de conseguir dar conta de tudo. Então nós percebemos que pedir ajuda a torna real, a normaliza e a humaniza. E que as pessoas ao nosso redor estão lá, ansiosas, à espreita de uma solicitação. Como você disse, várias pessoas se afastam, e isso é bom, porque você consegue ver quem está disposto, ao seu lado, e também criará novos vínculos, fará boas amizades. Eu te contei que uma das minhas melhores amigas atuais, conheci na ioga para gestantes? Há exatamente sete anos. Ela é incrível e me ajuda nos maiores dilemas e perrengues que venho passando ao longo da minha caminhada.

Fiquei pensando bastante: na pandemia perdemos tudo isso. Mas uma hora iremos retomar. Enquanto estamos, ainda, mais isoladas do que num puerpério normal, sugiro uma tribo virtual — essa pode ser milagrosa. Para mim foi, mesmo bem antes da pandemia. Porque validar o que você está passando, a gente se reconhecer na dor do outro, ajuda muito. Naturalizar diversos mitos da maternidade é tão importante quanto de fato ter a mão de obra disponível para nos atender. Na maioria das vezes não é sobre a mão de obra em si, mas sim o apoio mental de qualidade. Precisamos de um lugar de fala seguro, sabe? Aquele em que nos sentimos totalmente à vontade de abrir o nosso coração. Será com essa turminha que você irá trocar figurinhas, sentir-se bem, tirar dúvidas, fará desabafos; é com essas mulheres que você normalizará a sua maternidade, vendo que todas elas passam por perrengues, possuem crises e têm filhos reais e não os de comercial de margarina, tornando tudo cada vez mais leve, alegre e divertido.

Sobre a mão de obra em si, me lembrei de você me contar que está incomodada com a presença da sua mãe em sua casa. Sabe que tive a oportunidade de ter familiares próximos e de estar muito distante de qualquer ser conhecido? E te conto, mãe é mãe. Ela pode ser invasiva, chata, metida, mas você confia e pode pedir ou reclamar. Ainda bem que você tem a sua, não é? Honre-a e a respeite, amiga. Lógico, colocando os seus limites, afinal agora você também é mãe. Uma pena que ela estará com você por apenas vinte dias. Aproveite! Por isso utilize essa ajuda preciosa. Organização da casa, louça, roupas podem ficar para depois. Lógico que um bom banho e uma boa refeição são o mínimo que podemos esperar de uma boa rede de apoio física. No momento presente está difícil. Minha sugestão é o sling. Você o conhece? É um acessório que é vida. Chamo-o de autonomia com apego. Com ele o seu bebê ficará grudadinho e você conseguirá fazer coisas que necessitam de calma, segurança, e é lógico das suas duas mãos.

Quando tudo estiver nebuloso busque ajuda. Às vezes quinze minutos de respiro já são o suficiente para um excelente desfecho. Em outras, você só precisa atender a algumas necessidades básicas suas, como sede, fome ou sono. Antigamente eu ficava incomodada de pedir ajuda, e a questão não é essa. Se você tem um limão, faça uma limonada.

Seja gentil com você e aproveite a sua linda jornada como mãe. Um novo mundo te aguarda, se você assim aceitar e se permitir. Minha querida amiga, se você abraçar a realidade que está diante de você, tudo fica muito mais leve e fácil de tomar microdecisões. A vida mudou, muda o tempo todo, mas diante da maternidade, nunca mais será a mesma. Viva intensamente, cada minuto e conte sempre comigo. Algo mágico e inimaginável te aguarda. Confie, aceite e se transforme, mulher. Você é poderosa! E não se esqueça, eu estou aqui.

Com muito amor e carinho,

Marcela

Para quando as decisões parecerem difíceis

De: Márcia Souza da Rosa

Para: ***Uma mãe que precisa escolher entre a maternidade e a formação profissional***

Minha querida, quero te contar sobre minha filha, Marina. Ela tem me ensinado tanto, mas tanto, que resolvi escrever o que tem transbordado em meu coração. Logo eu, professora de formação, que atua há 23 anos... Hoje vejo que não sei de nada. E ela começou a fazer isso logo no período da gravidez, quando eu estava no último ano do meu doutoramento e descobri que estava esperando um bebê. O positivo veio e junto vieram as dúvidas. Imaginei muitas formas de conciliar as aulas, a escrita do texto, minha gravidez e outras tantas *cositas más.* Embora houvesse muita cobrança para eu defender a tese antes do parto, porque fazer qualquer coisa com filhos é muito mais difícil, diziam, minha filha emanava em mim um sentimento de muita tranquilidade e segurança. Ali, naquele clássico dilema família versus carreira, a Marina já me ensinava a ter paciência, a não forçar, mas sim entregar tudo nas mãos de Deus.

Veja bem, minha querida, naquela época eu tinha 37 anos e imaginava que a gravidez da Marina seria a minha única, então, de dentro de mim ela me ensinava a fazer o que era melhor. Não o que era certo, porque isso depende de vários pontos de vista. Mas o que eu considerava bom para nós. Por acreditar no que era melhor, cogitei protocolar um pedido de trancamento do curso. Conversei com meu marido, que também estava fazendo doutorado, e ele me apoiou veementemente.

Abro aqui um parêntese, e talvez esse seja o tema da minha próxima carta, para dizer o quanto o apoio dele me deu forças. Foi um reforço necessário por conta dos *"chatonildos do Lattes"* e que agregou um valor imenso para mim. Não de uma forma "marido e mulher", mas como alguém que age com compreensão e acolhe. Nessa altura já sabíamos que seria uma menina... Era tanto amor que só queríamos vivenciar cada segundo, dia após dia, até o nascimento. Foi aí que aprendi o primeiro ensinamento, em que custava a crer antes de estar grávida: você deve ter em sua vida suas prioridades, talvez uma, apenas. A prioridade. Pois isso permite que aproveitemos momentos. Atualmente olho para ela e vejo o quanto mudei daquela época até hoje.

Ao preterir o enriquecimento do currículo, não só fiz uma escolha, mas voltei minhas energias, força e todo o amor do mundo à minha filha, Marina. Por isso, o sentimento que inunda essa minha lembrança é a gratidão. Estar grávida foi o período mais incrível que já vivi. Eu me sentia sensacional, mesmo sem doutorado, o que na área da educação tem um certo valor.

Você sabe que a Marina já completou 3 anos, não é? Nesse período ela nunca fez o que eu quis, previ ou imaginei. Ela sempre superou minhas expectativas. Mas não do jeito que todos dizem: sendo super, mega, *power*, ultra-avançada... não! Mas me ensinando a ter calma, cautela e amor.

Ano passado mesmo, dando aula on-line, um dia cheguei esbaforida porque estava atrasada e fui direto ao banho. Quando saí do banheiro, querendo me trocar em um minuto, quem eu encontro? Aquele ser humano único, tão pequenino e tão grande ao mesmo tempo. Com a mãozinha no peito, ela olhou para mim e disse: "Mamãe, mamãe, mamãe!" (ela sempre me chama três vezes seguidas). E, para minha surpresa, quando olhei, ela completou: "Inspira e solta." Saiu, na verdade, mais um *"ispira i sota"*... Eu congelei na hora. Jesus! Não fui eu quem ensinei isso! Respirei fundo e pensei: dane-se o horário! Aproximei-me, abaixei e comecei um exercício de respiração bem juntinho da minha filhinha, que continuava a me dizer *"ispira i sota"*. Lembro de tê-la beijado tanto ao final do exercício, que quando fui dar aula, meus alunos até estranharam o quanto eu estava boazinha.

Mas esta carta não termina assim, minha amiga. Tenho de completar dizendo que depois, com calma, quando ela estava com dez meses, defendi meu doutorado. Não da forma que sonhei, com o texto que imaginei, mas com apoio de minha orientadora e banca, da maneira que eu pude. E, desse modo, ela segue me ensinando, minha pequena professora. Acho que este é um legado dos filhos: imprimir em nós um quê de dúvida sobre como estamos levando a vida, como está nossa carreira e, sobretudo, sobre o que devemos colocar como prioridade.

E, sério, de mãe para mãe, só posso deixar uma mensagem sobre isso tudo: siga o seu coração e escolha suas batalhas. Eleja qual é a prioridade para aquele momento e siga com ela, sem se culpar. Sempre. Pois ao fazer isso, iremos encontrar o que de melhor podemos oferecer aos filhos, nossa dedicação, nosso tempo. Pois escolher o que é prioridade nada mais é do que oferecer amor.

Até breve, querida! Um abraço apertado.

Márcia

De: Fernanda Diniz

Para: ***Uma mãe que precisa se mudar de país***

Querida amiga,

Espero que esta carta a encontre em paz com seu coração e com suas escolhas. Eu sei que não foi fácil deixar tudo para trás e sair do país. Sei que você ficou dividida e fez mil e uma ponderações antes da decisão final. E sei quanto você ficou angustiada e cheia de questionamentos perambulando pela sua cabeça. Sei que perdeu noites de sono, e que ainda se pergunta se essa decisão foi realmente a melhor.

Bem, quero que saiba que eu já vivi tudo isso. E sei bem que você ficou se perguntando como faria sozinha, em uma cultura totalmente desconhecida, sem ter a quem recorrer se as coisas ficassem difíceis. E sei também que a sua maior preocupação não era sobre a sua adaptação, mas a das crianças.

Vou listar algumas verdades, mas peço que não fique assustada. Sim, a sua vida vai mudar completamente. Muitas coisas ficarão diferentes e haverá momentos em que você vai querer sumir. Mas não é só de dificuldades que vive uma mãe longe de seu país. Há muitos momentos gratificantes e transformadores, e vou falar sobre eles também. Então, por favor, não desanime com o lado preocupante. Sabe o ditado que diz que depois da tempestade, vem a bonança? Pois é exatamente isso que eu quero te mostrar.

Esqueça os momentos sozinha com seu companheiro. Jantar a dois vai se tornar uma raridade. Aliás, você mal saberá o que é estar sozinha com seu companheiro. O sexo vai ser sempre na hora que as crianças dormirem (e com a certeza de que um deles vai acordar, chorar ou interromper pela porta do seu quarto, mesmo que ela esteja trancada), pois aquele "vale night" pra casa da vó ou da tia não vai ser mais possível.

Vai ser difícil não ter sua mãe ou sogra por perto pra ficar com as crianças, mas logo você fará novos amigos e eles serão sua rede de apoio. Brasileiros tendem a se unir quando estão em terras estrangeiras, e você irá construir uma família que vai além dos laços sanguíneos. Uma segunda família alicerçada nos laços de afeto e amizade.

Você vai ter medo de que seu filho não aprenda a língua do novo país. E não vou ser hipócrita de dizer que não haverá momentos em que ele vai chegar em casa chorando e excomungando essa nova língua, a nova escola, os novos amigos. Nesses momentos, acolha as dores dele, seja sincera e conte sobre os seus perrengues com a língua estrangeira. Divida com ele as suas dores e estimule-o a acreditar na capacidade que ele tem de aprender coisas novas. Vocês verão que será apenas uma questão de tempo para ele falar como um nativo e dar um baile de conhecimento no novo idioma, pode acreditar.

Vai ser difícil também quando porventura eles ficarem doentes. O sistema de saúde é diferente, os médicos nem sempre receitam medicação e a gente fica de cabelo em pé por não ter os avós por perto. Aguente firme porque, como todas as fases, essa também passa. Monte uma pequena farmácia com remedinhos do Brasil e tenha sempre o telefone daquela amiga por perto. Vai por mim, só de termos essa farmacinha, o coração já fica um pouco mais tranquilo.

E antes que eu me esqueça, sempre que vocês forem visitar a família, as despedidas ficarão ainda mais difíceis. Pode ser que seu filho diga inúmeras vezes que não quer ir embora ou que preferia morar no Brasil, que não pediu pra mudar de país. E voltando pra casa, talvez ele até peça o passaporte pra voltar sozinho e morar com os avós. Nessa hora, respire fundo e dê um tempo pra ele. Vai passar, e logo ele vai gostar tanto do novo lar que vai até pedir pra não voltarem a morar no Brasil. E aí, minha amiga, seu coração é que vai ficar apertado ao vê-lo fazer planos futuros de universidade, carreira e relacionamentos em outro país. Mas isso tudo faz parte das escolhas que fizemos lá atrás, no momento em que decidimos fazer nossa vida aqui fora.

Porém, como falei anteriormente, não só de momentos de angústia é feita a vida de uma mãe expatriada. Os momentos em família se tornarão mais especiais, uma vez que a família estará mais grudada do que nunca. Os passeios, os almoços de domingo e até as datas festivas ganham um outro significado. Afinal, a família se resume a vocês, no mesmo teto, e os laços de união tendem a se fortalecer.

Juntos, vocês vão construir memórias únicas e cheias de histórias. Busque criar tradições em festas de aniversário, Natal e Páscoa, por exemplo. Uma receita especial feita em família, uma brincadeira tradicional entre vocês naquele dia especial. Compre livros e jogos do novo país para ler e brincar com seus filhos. Mergulhe com eles nas descobertas desse novo mundo e mostre que sempre há coisas boas a serem conhecidas.

Por fim, não vou mentir: você vai chorar muitas vezes escondida, questionando se tomou a decisão certa ao sair do país. Mas serão pequenos momentos e sinais às vezes sutis que farão você acreditar que valeu a pena viver essa aventura. E sabe de uma coisa? Nada dura para sempre. A única coisa nessa vida para a qual não temos solução é a morte. Para todas as outras, sempre é possível voltar atrás e recomeçar.

E se preciso for, não tenha medo de recomeçar. A vida pode ser surpreendente quando nos permitimos viver novas aventuras.

Um abraço carinhoso de quem já se aventurou muito por aí carregando as crias mundo afora,

Fernanda

De: Márcia Souza da Rosa

Para: ***Uma mãe que precisa retornar ao trabalho***

Olá, querida amiga,

Escrevo porque hoje, enquanto preparava o banho da Marina e a ouvia correr pela casa gritando sem roupa e chamando "papai, papai, papai" (sempre três vezes seguidas), decidi compartilhar minhas reflexões contigo. Já com 2 anos e 8 meses, ela corre para mim, e enquanto a abraço rememoro como tudo passou rápido. Diziam tanto isso, mas só agora vejo... Minha filha já não vai para o berço, dorme sozinha na sua cama de princesa. Não mama no peito, come sozinha. Não usa fraldas, não quer ir para o colo nem o carrinho, não quer sequer dar a mão na rua... Poxa, como passou rápido!

A passagem do tempo me assusta, minha amiga. Especialmente desde que voltei ao trabalho. Minha bebê tinha apenas 10 meses, mamava em livre demanda e os dentes brotavam aos montes. Naquela época, ao sair de casa e deixá-la, refletia sobre quanto eu perderia... Talvez um primeiro passinho, a primeira palavra... Talvez eu perdesse momentos muito importantes, mas meu maior medo era de que ela não quisesse mais mamar. Graças a Deus isso não ocorreu e minha filha só deixou de mamar no peito oito meses depois, quando precisei fazer uma cirurgia às pressas.

Sou professora e me lembro de ir dar aulas de manhã e deixar um leitinho ordenhado para que papai desse para a nossa pequena. Lembro que ao término, saía sem dar tchau aos alunos, querendo chegar logo em casa para abraçar e conseguir dar a comidinha do almoço, já previamente feita por mim e congelada. Mas a parte mais difícil, minha amiga, com certeza, era trabalhar à noite, quando eu me despedia e a Marina me abraçava pelas pernas, já andando, dizendo a primeira palavra que aprendeu: "mamãe, mamãe, mamãe". Eu me concentrava em acalmá-la, pois sabia que ficaria bem com o pai... Depois chegava no carro e desabava em lágrimas durante todo o trajeto.

Tudo isso passou rápido, querida amiga. Dessa época me lembro também de ela ficar muito ligada ao pai, e de dar aulas que me deixavam satisfeita com minha profissão. Lembro-me de chegar em casa e saber de novidades sobre o desenvolvimento dela: reconhecer todas as cores, pular com os dois pés juntos, dormir sozinha. Tudo isso me enchia de orgulho e eu pensava: é bom! É bom para ela e bom para mim. É bom para a família.

Nós sabemos, amiga, que ficar em casa para cuidar dos filhos nem sempre é uma escolha. Se na época eu pudesse fazê-la teria feito, mas não pude. E ficou tudo bem, até melhor do que eu esperava. A relação de uma família se constrói na complexidade dos apegos, dos distanciamentos, das necessidades e desafios que precisam ser enfrentados. Parabenizo você, querida, que também é mãe e que, por escolha ou não, esteve integralmente com seus filhos nos seus primeiros anos de vida. Esse provavelmente é o trabalho mais difícil do mundo, porque muitas vezes não nos permitimos errar e sempre queremos acertar. Não podemos empurrar ou simplesmente delegar a empreitada. É um trabalho único que nós, mães, sabemos fazer do melhor jeito.

Aproveito, minha amiga leitora, para expressar aqui meu sentimento de realização por conseguir ser mãe e trabalhar fora de casa. E isso só foi possível graças a minha rede de apoio, especialmente minha sogra, que esteve com a neta todas as vezes que meu marido e eu tivemos compromissos profissionais juntos. Quanto a minha mãe, certamente também ofereceria ajuda, mas ela não mora na mesma cidade que eu. E devo agradecer ainda a minha filha Marina, por todos os dias até aqui. Eles passaram tão rápido e, percebendo cedo que assim seria, logo tratei de aproveitar os momentos em que estávamos juntas. O povo, que é sábio, sempre dizia, desde a gravidez, "aproveita que passa rápido demais". Exato. O tempo segue voando, ela crescendo e eu trabalhando, e hoje sei que isso não significa que perdi ou perco momentos. Cada dia mais uma novidade, cada dia um novo desafio. A Marina me ensinou muito sobre a vida e, por conseguinte, sobre a preciosidade do tempo. Hoje posso compartilhar contigo, nesta carta, todo esse sentimento de gratidão que uma mãe sente pela sua filha.

Um grande abraço!

Márcia

PARA QUANDO OS RELACIONAMENTOS MUDAREM

De: Natália Nery

Para: ***Uma mãe que teve o relacionamento abalado***

Querida recém-mãe,

Eu posso ver daqui a desilusão estampada no seu rosto depois de mais uma discussão à mesa do jantar. Ele gritou, você chorou, o bebê acordou e mais uma vez o caos se instalou. O coração pesado, a cabeça latejando, e você tentando secar as suas lágrimas que molham aquela cabecinha cheirosa e inocente. Você sussurra baixinho no ouvidinho dele: "a culpa não é sua, meu amor, mamãe e papai é que não estão se entendendo mais uma vez, mas vai ficar tudo bem" — você quer tanto acreditar nisso! Você precisa acreditar que vai ficar tudo bem. É como se eu ouvisse seus questionamentos: "Demoramos tanto para conseguir tudo o que temos hoje, lutamos para ficar juntos, superamos uma porção de desafios, construímos nosso lar sobre pedras e suor, e agora que finalmente temos nosso rebento nos braços parece que tudo está se desfazendo como areia fina escorrendo entre os dedos."

E a pior parte é ficar rebobinando o filme diversas vezes dentro da cabeça para tentar se lembrar do motivo real da briga, e muitas vezes não encontrar. Você nem se lembra por que chegaram até aquele ponto deplorável de novo. O estopim deve ter sido uma conta que atrasou pelo segundo mês consecutivo ou um simples copo trincado que ele guardou no armário por engano. E é quase inexplicável como foi possível trocarem tantos insultos e maldizeres, e pela vigésima vez a palavra "divórcio" foi citada, levando embora a última gota de sanidade daquela discussão absurda.

É doloroso demais, eu sei bem. Até não muito tempo atrás eu estava exatamente no seu lugar. Eu sei que você anda triste, decepcionada e tão distante daquele cara que até ontem era o grande amor da sua vida. E que só não continua ocupando o primeiro lugar, pois o cedeu (por livre e espontânea lei-natural-da-vida) à criaturinha mais encantadora e perfeita que existe, o filho de vocês. E, assim como você, eu também não conseguia entender como era possível duas pessoas tão conectadas de repente começarem a falar idiomas tão diferentes. Pois você já tentou se explicar de todas as formas, já pediu desculpas sem nem saber o porquê, e também já cedeu muito mais do que imaginou ser capaz. E, mesmo assim, parece não ser o suficiente.

E você não precisa nem me dizer, eu sei muito bem o que passa inúmeras vezes pela sua cabeça: "Não é possível que ele possa estar enciumado ou que não coloque o bebê em primeiro lugar." Eu confesso pra você, minha querida, que também culpei muito meu parceiro por isso. Até perceber que não é tão simples assim, e que não se trata de ciúmes. É tão mais complexo! É carência de amor, de afeto, de atenção. Provavelmente ele sente falta de colo, de carinho, dos seus braços que inevitavelmente estão ocupados demais. Mais do que isso, ele também queria ser ouvido, acolhido, validado, ou simplesmente ser visto.

Assim como a solidão materna nos assola, ela também recai sobre os ombros do parceiro. Seja por não ter ninguém em quem se espelhar e se sentir um peixe fora d'água tentando exercer uma paternidade totalmente nova e sem precedentes das gerações anteriores; seja por também ter perdido os amigos; seja pelos olhares de julgamento que recebe por chegar mais tarde ao trabalho, ou por não render como antes, já que ele também tem acordado de madrugada para pegar o bebê ou revezar o sling na tentativa de fazê-lo voltar a dormir.

E, do mesmo modo que você não se reconhece após a maternidade, ele também se olha no espelho e não se identifica. Obviamente ele sente falta da companheira, daquela mulher alegre, espontânea, divertida e solta. E você sabe muito bem o quanto ela faz falta. Pois tudo o que você mais queria nesse momento era reencontrá-la debaixo desse sutiã molhado de leite e dessa pilha de fraldas para dobrar, não é mesmo? Talvez ele também sinta falta dele mesmo, como homem, como dono de si, como um indivíduo com menos responsabilidades e mais liberdade.

Veja, ele sente quase tudo o que você sente. Ele também é vítima de uma sociedade atrasada e julgadora, ele também está exausto, perdido e sem chão. Igualzinho você. O problema é quando vocês dois tentam competir sobre todo esse sofrimento comparando suas dores, quando poderiam estar dividindo todo esse peso.

É, minha amiga (será que eu já posso te chamar de amiga a uma altura dessas?), ouço o seu choro escondido atrás da porta do banheiro, eu já me escondi ali tantas vezes. Chorando em agonia por acreditar que não há saída, e que todas as tentativas de se acertarem foram esgotadas. E também conheço o desespero só de pensar na mais ínfima possibilidade de continuar nessa batalha sozinha. Mas te digo, é exatamente aí, no fundo do poço, que mora a sua salvação. É acolhendo suas feridas e a sua vulnerabilidade que você será capaz de olhar para as feridas e a fragilidade do outro com mais gentileza. E, acima de tudo, é a força do querer que irá fazer você se levantar e dar o primeiro passo em busca de perdoar a si mesma e, depois, conseguir fazer as pazes com aquele que também tem dado tudo de si e que não desistiu do amor de vocês.

Por mais difícil que tenha sido até agora, por mais cruel que vocês tenham sido um com o outro, o mais importante talvez seja vocês tentarem ser gratos por ainda estarem aí, despedaçados, sangrando, em frangalhos — mas veja, vocês ainda estão aí! Muito diferente de quem eram antes e ainda muito distantes de quem querem ser, mas estão. E é usando as armas mais simples, porém mais poderosas que têm, o diálogo, a calma e a vontade, que vocês serão capazes de seguir buscando se reencontrar e, principalmente, se reinventar.

A cada nova etapa, a cada novo obstáculo. Tornando-se uma dupla mais forte, mais resiliente e unida do que nunca. Pois, na verdade, agora vocês são um time. E ter um time unido é o que o faz ser imbatível.

Acredite, vocês podem se reencontrar. Não será ao acaso, nem no meio de uma troca de fraldas, tampouco em uma trombada de ombros no breu da madrugada. Vocês terão de marcar um encontro, conversar, se convocar para essa luta que só vocês podem lutar. Mas é possível. E quando acontecer, vai ser incrível!

Espero ansiosamente pela sua carta me contando como foi esse reencontro!

Um beijo e um abraço apertado em você, minha querida!

Com carinho,

Natália

De: Marina Oliveira

Para: ***Uma mãe que está na fase do sexo pós-maternidade***

Oi, minha amiga,

Olha eu aqui escrevendo para dividir com você mais um dos trilhões de momentos que nós mulheres vivemos na maternidade.

Não pense você que quando a maternidade chega, as dúvidas, descobertas e aprendizados são só sobre o lindo bebê que você tem em seus braços. Que a mudança só acontece porque a rotina agora é outra. Existe um serzinho que depende 100% de você, suas noites de sono já não são mais só suas, e os horários desse sono não estão mais sob seu controle.

Mas acho que isso já não é novidade para você, e penso que para nenhuma mulher, mesmo porque as mulheres já começam a ter conhecimento dessas mudanças na gestação. Do que eu não tinha conhecimento, e por isso não fui atrás para me preparar ou pelo menos tentar, era a avalanche de transformações que meu corpo e minha cabeça como mulher, o ser feminino, passaria com o nascimento do meu bebê, com o nascimento da mãe.

Eu sei que ainda é complicado para a mulher falar de si e das suas dores e inseguranças sem ter medo, sem ser julgada. Mas resolvi hoje me desafiar e falar com você sobre algo muito íntimo por que talvez você tenha passado ou está passando, e também foi pega de surpresa por se ver nessa situação. A relação íntima com seu marido/parceiro depois do parto. O sexo pós-maternidade.

Quanto tabu ainda existe sobre esse tema e quanto bloqueio a mulher tem quando se trata desse assunto!

Confesso que é tão íntimo, e, por nunca ter falado com ninguém, nem com meu marido nem com meu médico (por vergonha, muita vergonha, e também por medo, por me sentir mais ridícula do que estava me sentindo, por insegurança, por não me sentir bonita, por não me ver e nem me sentir suficiente... enfim), não sei se serei educada e elegante com as palavras. Porque, na real, as questões que passamos na maioria das vezes não têm beleza alguma, não vêm de forma delicada e cuidadosa, mas desfavorável e desdenhosa, sem trégua, nos tornando uma confusão real!

A verdade mesmo é que não tem glamour nenhum nos inícios das fases da maternidade (principalmente os comecinhos).

Bom, a questão é: nessa transformação toda do meu corpo, não consegui me ver e me sentir mulher. Não sentia desejo e nem falta de ter uma relação com meu marido. O que torna as coisas complicadas para a relação do casal. Você consegue me entender? Por acaso você também passa por isso?

Além de me ver e me sentir como provedora de alimento, afeto e segurança para alguém tão indefeso, puro e inocente, me sentia errada de pensar em alguém me tocando, conseguindo despertar novamente um desejo que tinha deixado controladíssimo em algum lugar que já tinha até esquecido onde, sabe? Me sentia exposta, vulnerável, insegura de perder o olhar de desejo, de tesão do meu marido quando olhasse para meu corpo e visse que já não era mais o mesmo que ele estava sempre pronto para ter junto ao dele, nos nossos momentos mais íntimos. De perceber que já não era mais só eu a dona do meu próprio corpo.

Mas o principal, o que até então era só algo da minha cabeça, se tornou concreto e real: a opinião dele sobre as mudanças do meu corpo. Eu já estava tendo dificuldade para conseguir me gostar, me achar bonita; imagine tendo de lidar também com a frustração de outro olhar. E pensar que a qualquer minuto a pureza e inocência que estava ali do meu lado podia começar a chorar com fome e precisar de mim.

Comecei a ver o ato do sexo como algo sujo, impuro, cansativo, desinteressante... Algo errado. Ou, depois de um tempo, que não era prioridade. Sem contar o meu extremo cansaço. Pois vamos falar aqui e deixar registrado nosso sentimento "de saco cheio" de ninguém entender ou aceitar esse importante e muito relevante fato! Pelo amor de Deus, como administrar isso e estar pronta e cheia de disposição para qualquer esforço além do que já era feito? E as dores que tinha no meu corpo? A região onde sentia mais prazer era uma das que mais tinham dor e sensibilidade.

Como pensar em sexo? Como me relacionar com meu marido de forma prazerosa e saudável se não tinha vontade e nem desejo? Como falar isso para ele sem fazê-lo se sentir indesejado e deixado de lado mais do que a própria situação já o colocava? Como demonstrar que eu o amava sem frustrar suas expectativas na cama?

Eu não quero mudar o foco de todas as nossas questões aqui. Mas, para o nosso bem e do relacionamento, quero ter consciência e reconhecer o ponto de vista dele. Muitas das questões emocionais do homem dentro da relação com a mulher depois da chegada do filho é por ele deixar de ser prioridade, de ser servido, para servir. Seja com bens materiais, seja com toda a atenção, o carinho, e suprir uma estabilidade emocional para a esposa e o filho. Lembrando também que ele, no meio disso tudo e mais um pouco, não passa pelo tempo de experiência de 41 semanas para se transformar e se preparar emocional, física e psicologicamente, como nós.

E vamos ser um pouco racionais. Com todos esses relatos não era possível rolar nada. O que podia rolar, e era o meu maior desejo, era relaxar e dormir para descansar meu corpo e mente. Para me recuperar de toda a hostilidade, mudanças severas que meu corpo passou para a formação e proporcionar todo o aconchego seguro para meu filho dentro do meu útero, dentro de mim. Eu sei que falando assim eu acabo com toda a beleza e encanto de gerar um filho, da descoberta e vivência da gestação. Não é essa a minha intenção! Mas a verdade é essa, quando ficamos grávidas tudo precisa ser mexido, mudado de lugar para que a gestação aconteça de forma certa e segura. Só que esse cenário do descanso não acontece, claro! O que é natural, algo que já estamos esperando, e sendo preparadas.

Mas eu volto à questão de como falar e fazer o homem, que não passou por nada nem perto disso, entender, compreender e segurar ainda mais a onda de todos os seus desejos, necessidades e vontades de forma amigável, passando ainda para nós, mulheres, a segurança emocional da relação e das intenções dele? E que é bem provável que a quarentena da qual ele espera ansiosamente o fim vá durar mais tempo?

Não tenho a resposta certa. Então você deve estar querendo saber logo como foi o fim de toda essa questão, certo? É bem simples a resposta: foi conturbada. Uma fase do meu casamento em que eu e meu marido aprendemos que para tudo dar certo tínhamos de estar dispostos a jogar aberto um com o outro e se colocar na posição um do outro.

Não tem outro caminho, pelo menos não de início. Eu sei também que para isso a via de duas mãos da relação do casal tem que estar fluindo. Mas, minha amiga, agora te dou meu colo e meu abraço pra dizer também que, se não estiver legal a relação de vocês, tenha calma. Não é o fim! É só uma questão de acertar as direções. Mas isso só vai rolar com uma conversa sincera que, às vezes, é dolorosa e nos coloca na posição mais vulnerável. Mas isso não é ruim. Foi assim que aos poucos fui deixando acontecer e me permiti voltar a viver o prazer, sentindo desejo, tesão, vontade de ser tocada por ele, de me entregar de forma gostosa e respeitosa por mim e pelo meu marido no tempo certo.

O sexo pós-parto rolou. E o que eu te falaria mais é: não tenha vergonha, nem qualquer tipo de medo de expor qualquer que seja sua questão com a volta do seu corpo para uma relação sexual. É tão normal a mulher ter questões, dificuldades ou medos, até mesmo tabus! Fique tranquila! Deixe seu marido participar de todas as suas transformações, afinal ele é, junto com você, o responsável por esse acontecimento todo, e até mesmo seu médico. Ele pode te ajudar muito, e sem julgamento!

Obrigada por me dar colo e por me permitir assim também te dar colo. Estamos juntas nessa caminhada de descobertas e experiências da maternidade real na vida da mulher.

Superabraço!

Com carinho,

Sua amiga Marina

De: Aline Detofeno

Para: ***Uma mãe que gostaria de aprender como dar espaço ao pai***

Oi, querida. Como vai?

Por aqui estamos nos (re)adaptando com a chegada do novo bebê.

Nossa família se formou de forma rápida e sem pausas. De repente casamos, de repente o bebê nasceu, e 2 anos e 2 meses depois outro bebê estava chegando.

Em meio à velocidade dos dias, muitas vezes me vejo sobrecarregada e com vontade de dar uma volta no quarteirão sozinha só para conseguir respirar, mas minha sorte é que, por mais que a bagagem seja maior agora, meu esposo e eu conseguimos juntar os braços e ir juntos.

Sempre pensei que "só" a forma como eu fazia as coisas resolvia os problemas e era o certo. Mas *"o certo"* existe mesmo? Eu acho que não.

Quando comecei a dar espaço (de verdade) para ele atuar, notei que o bem-estar da nossa família foi melhor alcançado, porque esse é o nosso objetivo em comum como casal.

Não vou negar que ele coloca os meninos para dormir de uma maneira inusitada, enquanto eu faço de outra forma. Confesso que há alguns meses eu iria entrar no quarto e até mesmo interferir para fazer do meu jeito. Mas, hoje, busco o meu momento, enquanto ele está com as crianças.

Meu marido é calado e nunca reivindicou algo em relação aos meninos, principalmente na área dos cuidados e da criação. Mas certo dia tomou a iniciativa de conversar comigo, e conseguimos nos organizar. A partir de então nós dois somos protagonistas na família, e fizemos alguns combinados:

Ele cozinha.
Ela lava a louça.
Os dois estendem e recolhem as roupas.
Ela passa.
Os dois guardam.
Ele faz o mais velho dormir.
Ela vai amamentar o bebê.
Ele lava a varanda.
Ela organiza os brinquedos da sala.
Ele varre a calçada.
Ela organiza as gavetas da cômoda.
Ele tira o lixo e sai para o trabalho.
Ela arruma os meninos e deixa nos avós.
Ele lava os banheiros.
Ela varre a casa.
Ele aspira o carro.
Ela brinca com o pet (uma coelha).
Ele brinca na areia com o mais velho.
Ela brinca na piscina de bolinhas com o mais novo.
Ele e ela rezam juntos antes de dormir.

Esses são alguns pequenos exemplos do que conseguimos organizar na nossa rotina da casa.

Eu sei que você me havia falado que estava se sentindo mais cansada e não sabia como dividir as tarefas; mas, querida, conversem, se acertem, será frutificante para todos. Inclusive para as crianças.

Sei que agora você pode pensar que ele não é bom pai ou marido, porque você está olhando somente as atitudes que são diferentes das suas. No entanto, abra os olhos do seu coração e permita que olhem para o seu companheiro com mais carinho e amor.

Com o tempo vocês vão vivenciar lindos momentos de qualidade em família.

Compreendo também que a princípio parece que você não confia, mesmo que confie de todo o coração, mas algo ali dentro fica sempre com o "pé atrás". Porém, permita, e brevemente verá como isso lhe fará bem!

O pai é um exemplo rico de força e audácia, e deixar as crianças experimentarem isso é colher renovados risos e se encantar com uma nova camada de cores que surgem em seus olhares encantados.

Há mágica na criação!

Eu compreendo que muitas vezes eles ficam mais sujos que o necessário após um simples jantar, mas o que custa um dia de sujeira, não é mesmo?

Outro detalhe que notei dia desses foi que o mais velho estava dando risadinhas enquanto escovava os dentes com a ajuda do pai, perto da hora de dormir. A risada dele me lembrou dos dias em que eu precisava enrolá-lo na toalha para conseguir "domar a fera" e escovar seus dentinhos. Mesmo assim era difícil, e a tarefa acabava com um menininho irritado e choroso e uma mãe desapontada.

Com isso, consegui compreender como é bom aprender a dar espaço para a novidade que o pai proporciona para as crianças. Às vezes, os "meninos" da casa se entendem melhor. E, de quebra, posso ver mais um episódio da minha série favorita, ou então escrever no meu diário.

Mas saiba, querida, que essas são algumas experiências que estamos vivendo aqui em casa. Posso dizer que a minha sanidade mental deu um *megassorrisão* de agradecimento por eu ter deixado de lado meu perfeccionismo e a necessidade de domínio da situação. Além disso, o casamento, a família, a criação, e tudo o que envolve o bom andamento do lar, são somas de pequenos pedacinhos bem divididos e vividos.

Essa dinâmica nós vamos conseguindo no treino diário, principalmente no que diz respeito ao egoísmo que muitas vezes está por trás do cartaz com os dizeres “a mãe cuida melhor porque tem o instinto materno”. Não caia nessa cilada, minha querida.

Aquele brilho no olhar dos pequenos compensa toda abertura que podemos dar aos demais cuidadores, pois os permite viver as diversas formas de atenção e, principalmente, amor.

Sempre que precisar conversar, estarei por aqui.

Com amor,

Aline

De: Marina Oliveira

Para: ***Uma mãe que sente o peso de não contribuir com a renda***

Olá, nova amiga.

Eu nem estou acreditando que estou te escrevendo!

Quanto tempo desejei por este dia, por este momento!

Tem tanta coisa que quero te falar, contar, dividir com você...

Na verdade, queria ter aquele encontro de amigas, sabe? Com uma boa taça de vinho, ou uma xícara de chá. Ou pode ser também um bom e velho café, para aquela troca de experiências. Saber de você, saber como e o que você faz com os desafios da maternidade e toda a sua realidade exigente.

Querendo tudo isso, resolvi te escrever, e vou começar já dizendo que será como uma terapia dividir com você meus sentimentos, minhas questões e minhas histórias reais na maternidade. Porque, se tem alguém que pode me entender, é você, nova amiga.

Vamos lá!

Primeiro, quero saber como você está. Espero que esteja bem.

Por aqui está tudo bem, seguimos na loucura do dia, na rotina doida que temos. E é por causa disso que me encontro bem cansada, e acredito que por esse motivo tenho pensado e questionado algumas coisas, sabe? Alguns pensamentos que tenho e conclusões que ainda não tenho com certeza, mas que fortalecem meu ser. Meu ser mãe, meu ser mulher.

Você já se sentiu diminuída, como se fosse uma decepção da nova figura feminina que carregamos, imposta por nós mesmas na sociedade, pelo simples fato da escolha, ou falta de escolha de sermos só mães e não termos uma renda?

Eu já, e há dias ou situações em que me pego sentindo vergonha ou menosprezando o que faço, diminuindo o que sou e todo o valor disso.

E, caramba! Ser mãe em tempo integral é tenso, intenso, complexo, desafiador, e digo que até perigoso, porque, se não tivermos cuidado com nosso emocional, o físico vai para o "beleléu". Mas também é, da mesma forma, maravilhoso, gratificante, uma satisfação inexplicável. Transforma-nos de um jeito que pode fazer da mulher que somos um ser mais confiante, forte...

Você já passou por isso e se sentiu assim?

A verdade é que quando eu me casei os planos eram tão perfeitos, mas a realidade foi tão diferente! Uma gravidez não planejada — mas muito desejada — logo no início do casamento transformou todo um planejamento conjugal, sonhos românticos, profissionais, pessoais, ideais... enfim, em uma nova e desconhecida realidade. A maternidade.

Hoje, sendo mãe de quatro lindas e incríveis crianças, e tendo um relacionamento incrível com meu marido, ainda me lembro com tanta verdade das emoções e sentimentos conturbados de quando engravidei pela primeira vez! Ali, saindo do hospital com o resultado positivo, sem refletir muito, a maternidade já veio se impondo naturalmente pra nós, porque quando nos casamos, meu marido e eu entendemos que naquele momento de colocar a aliança não seríamos mais dois, e sim um só, e o que acontecia comigo acontecia com ele. Então a maternidade não mudou e revirou só a minha vida, o meu ser, mas a do meu marido também. Não posso ter o egoísmo de achar que é só com a mulher que tudo muda. O peso da mudança pode ser e geralmente é maior para nós, mulheres, mas a mudança e a transformação também acontecem para o pai.

Deixando tudo o que eu estava sendo, vivendo, conquistando, para algo tão maior, algo que sem saber era o meu maior sonho — ser mãe — encerrei meu tempo de contribuição financeira dentro da minha casa.

Alguns anos atrás essa seria a atitude mais admirável, esperada pelas pessoas, pela família, pela sociedade. Mas hoje em dia, não. Não funciona, porque vivemos em um mundo onde a luta pela igualdade entre homens e mulheres é mais importante e bem vista pela sociedade do que o milagre de uma mulher ser abençoada por estar gerando uma vida, abrindo mão daquilo para dedicar-se conscientemente à criação e educação dos filhos, as crianças que amanhã serão os adultos que contribuirão para essa mesma sociedade. Eu entendo e faço parte dessa luta da mulher, de ter seus direitos respeitados e válidos, e toda a importância dessa causa. Mas o que eu afirmo aqui para você é que não precisamos anular a importância e o que significa para toda a sociedade a mulher que deixa seu trabalho para ser mãe.

Sofri muito com o julgamento de não acompanhar e participar da contribuição para a renda da minha casa junto ao meu marido. Isso me doía, porque, além de não ajudar, eu, com um bebê no colo, estava gerando mais gastos do que entradas. Nossas saídas com amigos ficaram mais difíceis de acontecer, bem como viagens, compras em shopping, ou acompanhar a moda tecnológica do momento. Por muitas vezes chorei calada, se é que você me entende. Meu marido nunca me cobrou, mas entendia pelo seu olhar que em momentos de crise ele queria uma ajuda minha. Isso me dava um certo desânimo, mas logo em seguida me despertava uma força, algo que nem sei explicar, para de algum jeito poder ajudá-lo. E, sim, dava certo, mas logo veio o segundo filho e o tempo começou a ser cruel comigo. Minha saúde foi afetada e meu emocional começou a dar sinal de que eu precisava olhar com mais amor para mim. Porque o sentimento que tinha quando perguntavam qual era a minha profissão e eu não sabia o que responder me diminuía de forma cruel. Responder "dona de casa" era tão pouco, mas ao mesmo tempo era tanto, que não sabia me entender e sentia vergonha de falar, mas respondia mesmo assim. Ficava remoendo tanto aquele sentimento terrível — de ser pouco por ser "só" mãe — que perdia o foco e me esquecia de que, se podia falar que era "só dona de casa", da minha casa, se podia falar que era só mãe, eu era privilegiada! Mas como fazer para então mudar a visão e a realidade desse mundo inteiro em relação à mulher que não tem uma vida profissional fora de casa? Como mostrar que não somos pessoas que não fazem nada? Porque é assim que as pessoas pensam e falam! Imagine só! Mal sabem elas que, se tem alguém que trabalha muito e não tem benefícios como férias, vales de tantas coisas, bônus sendo depositado na conta porque bateu a meta ou o décimo terceiro que recebeu adiantado, é a mulher que hoje é dona de casa e mãe, e no meu caso, mãe de quatro. Como mudar todo um conceito já estabelecido? Melhor: como mudar a realidade financeira da minha casa?

Primeiro, percebi que sozinha não ia conseguir. O segredo da vida, e do sucesso, não importa em qual área, é sempre ter as pessoas que você ama e que amam você e sua família participando das suas conquistas, não importa que tipo de conquista. Não estou falando agora de conquista financeira, pois para chegar aí eu aprendi que é preciso subir muitos degraus, que começam depois de se aceitar e se valorizar. No meu caso, era me dar valor e não me diminuir porque não estava tendo um feedback positivo de um chefe, mas estava investindo no meu casamento, nos meus filhos, na minha casa, na minha família. E ver que, de todas as profissões que possam existir, nada chega perto da mais importante para o mundo: ser MÃE.

Depois, é preciso parar de olhar para a vida de quem está próximo de você, mesmo que seja seu irmão. A realidade nunca é o que você vê, por isso dizem que "a grama do vizinho é sempre mais verde". Mas a realidade é que é mais fácil enxergar a vida do outro do que valorizar e apreciar a beleza da sua própria vida. Pois você, mais do que ninguém, sabe o quão duro e difícil foi chegar ali.

Então, depois disso, vem a prática, olhar para a sua realidade com olhos racionais e sem emoções para entender o que precisa ser feito pra mudar aquela parte da sua casa, da sua família, que precisa de uma atenção maior: no meu caso, a renda.

Depois de uma fase bem difícil, e de entender e mudar minha cabeça, meu olhar para as coisas e para mim, os sentimentos se misturaram. Eu ainda me cobrava, e às vezes me sentia mal. Mas também foi havendo espaço para pensar em alguma coisa para ajudar em casa de forma prática e emocional. Não, eu não tinha conseguido trabalhar, mas consegui ajudar muito administrando as necessidades do meu lar. Trabalhei e ainda trabalho duro para mudar hábitos ruins. Rotinas novas foram criadas, e pode acreditar: isso faz uma diferença absurda na renda familiar.

A vida me mostrou que a mulher tem muitos poderes. Entre eles estão determinação, criatividade e força. Não estou falando apenas de força física, mas a que existe dentro de nós. E, quando nos tornamos mães, todo esse poder se intensifica. Então, foi aceitando isso que eu simplesmente fui me jogando nas ideias que tinha. Na posição em que me encontro, acredito ser válida toda tentativa, porque se não der certo para o objetivo que quer, já valeu a pena pelo aprendizado da experiência. Afinal, aprendemos mais com nossos erros do que com nossos acertos.

E acredito que você vai concordar comigo que, mesmo com todas as questões que temos e enfrentamos na maternidade, como essa, por exemplo, ainda assim vale muito a pena abrir mão por um curto prazo para nos dedicarmos aos nossos pequenos, que muito em breve já não serão mais pequenos.

Por isso, o que eu tenho trabalhado em mim e queria dividir com você é: se esforce, se dedique, se concentre, busque ajuda, cresça, amadureça, e principalmente, acredite nos seus instintos! Se redescubra, se reinvente!

Viva suas emoções, viva dando atenção carinhosa a tudo que você vive e que te envolve, mas lembre-se: viva um dia de cada vez.

Sem culpa, sem pessimismo.

Ser mãe em tempo integral é ser mulher-maravilha, cada mãe em sua versão de super-heroína.

Nós sempre teremos o dia de amanhã. Mas se não nos cuidarmos, se não nos lembrarmos de nós mesmas, e, principalmente no momento do aperto, seja ele qual for, de parar e respirar, o amanhã não terá você nem as pessoas que você quer bem, sua família.

Melhor feito do que perfeito!

Que bom poder dividir com você um pedacinho de mim na versão mulher materna que sou!

Com muito carinho,

Marina

De: Sara Andreozzi

Para: ***Uma mãe que necessita do ombro das amigas***

Olá, queridas amigas,

Quero agradecer-lhes por todos os encontros deliciosos ao longo desses mais de dez anos juntas. Essas reuniões têm sempre gostinho de quero mais, recarregam nossas baterias para seguirmos adiante. Precisamos marcar o próximo. Que tal neste fim de semana?

Que saudades de vocês! Faz tempo que não nos vemos. É tão bom falar da vida, dos nossos medos, para enfraquecê-los, e de nossos sonhos, para fortalecê-los. Amamos falar sobre tudo, desde psicanálise, cinema, arte, poesia e filhos... Ah! Os filhos...

Como é linda a nossa amizade! Me conheceram solteira, acanhada, magérrima, morando com meus pais e minha irmã e estudando psicologia. Quanta coisa mudou, né? Eu mudei. Mudamos. Somos aprendizes na escola da vida. Os rostos também mudaram com o tempo, assim como a cor dos cabelos e as medidas já não são mais as mesmas. Meros detalhes. Acompanhamos a trajetória umas das outras e os anos foram passando.

Nós nos conhecemos no grupo de estudos do Marcos. Como era bom! Saíamos da nossa reunião de quarta e estendíamos as discussões psicanalíticas e o papo no café da esquina ou no shopping Tatuapé. Hum, que sabor especial tem esse café! Esse café simboliza uma amizade para toda a vida. É especial. Não se acha sempre e não se acha em qualquer lugar. Os grãos são selecionados com afeto, dedicação e cuidado.

Não havia a correria do casamento e do cuidado com filhos. Não tínhamos tanta pressa nessa época. Às vezes ficávamos conversando por horas e o assunto não tinha fim. Não gostávamos das férias do nosso grupo de estudos e nos reuníamos mesmo assim. Sempre inventávamos passeios e comemorações.

Nos nossos encontros, nunca deixávamos de fazer um brinde à nossa amizade, à vida, à saúde mental e ao Sigmund Freud. Podia ser com vinho espumante docinho, água, café, refrigerante ou o que estivesse à mão. A proposta sempre foi aproveitar e agradecer por nossas conquistas e nossas lutas diárias. E como batalhamos nessa vida, minhas amigas, seja no campo profissional ou no campo pessoal! Desistir, jamais.

Fomos acumulando vivências e sabedoria. Me viram noivar, casar e ser mãe. Estávamos juntas no meu chá de cozinha e no meu chá de bebê. Lembram? Me viram dançar de noiva com o Mario a música "Alma Gêmea", do meu queridíssimo Fábio Jr. Meu dia de Cinderela. Momentos únicos, eternizados na alma e no coração. Vocês estavam lá. E brindamos mais uma vez.

Nossos encontros com direito a chocolate, vinho e muitos quitutes. Tantas lembranças felizes... Claudete, traga por favor, no nosso próximo encontro, seu incrível bolo de fubá cremoso? Silvia, que tal fazer hot-dog com aquele molho gostoso que só você sabe fazer? Já é tradição.

Nós nos reuníamos uma vez por mês. Fomos juntas a teatros, exposições como a da maravilhosa Clarice Lispector, parques e cinemas. Aos poucos, tivemos que espaçar mais nossos encontros, pois a vida foi mudando nossa rotina. Muita coisa para conciliar, não é mesmo? Já faz sete anos da minha mudança do bairro do Brás em São Paulo para a cidade de Ribeirão Pires, após meu casamento. Passou tão depressa! A Silvia ainda mora no bairro da Mooca, a Lourdes e a Claudete no bairro do Tatuapé, a Gracia no bairro do Belém, a Marina no Japão, e a Dulce mais longe, lá no céu. Porém, sempre emocionalmente conectadas. Impossível esquecer. Quantas saudades...

Nos importamos umas com as outras e sabemos que isso nem sempre acontece depois que a maternidade bate na porta. Lutamos para não nos sentir sozinhas ou abandonadas. Formamos um grupo de apoio, como uma terapia de grupo: nossos "psicoamigos", como chamamos. E sempre cabe mais um... A casa fica cheia, tem música no violão do Tucano, cantoria e muita animação. Os maridos se enturmam. Formam a rodinha dos homens e, em outros momentos, quando o papo não é só de mulher, se misturam. É sempre tão bom. As crianças brincam juntas. Lembra, Gracia, do Miguel e da Lais bem pequenininhos na casa da Silvia? Miguel foi abraçar a Lais e os dois foram para o chão. Rimos muito.

Nosso grupo foi mudando com o avançar da idade e com nossas conquistas. Hoje é impossível nos reunirmos sem perguntarmos das crianças. Trocamos tantas figurinhas, não é mesmo? Umas já passaram pela fase de ter criança pequena, e como ajuda ouvir que para vocês também não foi fácil! Que a maternidade é uma dádiva e uma completa montanha-russa. Que se perde o sossego para sempre. A preocupação é eterna com os filhos. Vivemos em função deles. E quantas vezes nos sentimos impotentes? Uma conforta a outra. Nos acolhemos e nos amparamos. É um laço de amor. É família que escolhemos com o coração.

Amo a casa da Silvia, nosso porto seguro, nossa sede oficial de tantos encontros e comemorações. As horas passam tão rápido. Tão bom estarmos juntas.

Gosto de pensar que nossa existência neste planeta é uma grande roda-gigante sempre em movimento; ora estamos embaixo, ora em cima. Ter nossa amizade na minha vida me ajuda a superar as dores e é um bálsamo para poder me reerguer. Estamos juntas nas alegrias e nas tristezas. E assim é esse grupo: nos importamos com as dificuldades e tentamos amenizá-las juntas. É impressionante como uma palavra faz toda a diferença na vida. É poderosa. É responsável por destruir ou elevar uma pessoa. Sabemos disso e procuramos usar bem as palavras.

Lembram-se de quando eu estava mal pela queda do meu filho em casa? Foi tão rápido. Tão bobo. Quando eu o chamei para escovar os dentes, depois do almoço, ele caiu e bateu a cabeça na quina da parede. Veio correndo e o acidente aconteceu. Fiquei arrasada por ele ter levado pontos cirúrgicos e principalmente pela enorme cicatriz que ficou na testa. Chorei tanto por dias, meses... Ainda olho para essa marca todos os dias. Quanta culpa! Eu estava sozinha com ele. Estava sob meus cuidados e não consegui impedir. Me senti uma mãe péssima. Desejei tanto voltar no tempo e apagar esse dia. Impossível. Minhas amigas me acolheram tão bem. Não faltaram histórias de machucados, cicatrizes e sustos de infância. O que me fez sair do estado de autoflagelação no qual me encontrava foi a frase da Marina: "É história de criança... É história de infância para ele contar depois..." Concordamos. E todos nós temos, não é mesmo? Obrigada, amigas, por essas e por tantas outras palavras curativas.

Aprendemos umas com as outras a conviver com as nossas cicatrizes emocionais, nossas perdas e nossas frustrações. É uma amizade verdadeira, não é só quando está tudo bem — para isso qualquer uma serve. Nos dedicamos a esta relação. É uma flor majestosa que nunca deixamos de regar ou dar calor. E ainda que não possamos mais nos ver com a mesma frequência de antes, não deixamos de perguntar: "Como estão?" E nos interessamos verdadeiramente pelas respostas. Acompanhamos atentas, interagimos. Torcemos uma pela outra e também pela família de cada uma, que já se tornou tão nossa.

Manter nossa amizade, principalmente após a maternidade, foi sem dúvida um grande aliado para a melhoria da qualidade de vida nesta difícil transição, e sem dúvida foi um forte apoio emocional para que eu não perdesse minha identidade pessoal e para que eu pudesse resgatar minha identidade profissional com naturalidade. A maternidade é um divisor de águas, uma fase repleta de desafios e conquistas. É estranho me lembrar de como eu era antes e quem eu me tornei depois. Parece que a vida começou com a maternidade. É difícil me lembrar do que eu gostava, dos lugares que eu frequentava e o que eu fazia. Perderam-se no tempo e no espaço. É como se não tivessem acontecido. Sou mãe e serei para sempre. Sem dúvida, minha melhor escolha. Meu filho, Miguel Ângelo, é minha vida. Minha razão de existir. Como é bom falar dele para vocês, que me ouvem com tanta doçura e generosidade!

A amizade verdadeira é um grande resgate de nós mesmas, e, sem dúvida, amplia nossa movimentação no mundo. O resultado é saúde física e emocional. Não somos nada sozinhas. Lembram-se do filme "Náufrago"? O protagonista, interpretado pelo incrível ator Tom Hanks, é o único sobrevivente de um acidente aéreo e vai parar em uma ilha desabitada no sul do Oceano Pacífico. A solidão, o medo e as incertezas são insuportáveis. Para não enlouquecer, elege como melhor amigo Wilson, uma bola de voleibol encontrada em um dos pacotes que estavam no avião. O rosto de Wilson era a mão ensanguentada do náufrago, com direito a olhos e boca. Conversas e discussões com Wilson eram frequentes e se tornaram seu único meio de socialização. Quem não se emocionou quando o náufrago vê Wilson se perder no mar? Vi várias vezes essa cena. Que nó na garganta. Que vontade de estar lá para ajudá-los! Como é ruim o sentimento de impotência, perda e frustração. Faz parte da vida, de nossa evolução como pessoas. Mas dói.

Minhas amigas queridas, somos o Wilson para cada uma de nós. Precisamos das nossas trocas, precisamos às vezes de um puxão de orelha e muitas vezes de colo. Trocamos tantas informações. Conversamos sobre o desenvolvimento das nossas crianças, e do nosso como mães. Trocamos dicas sobre os métodos de ensino das escolas, sobre pediatra e a alimentação mais rica em vitaminas. Nos tornamos mães e avós. Trocamos. Crescemos. Seguimos.

Poder estar com vocês, minhas amigas queridas, não é egoísmo nem negligência em relação à maternidade. É autocuidado. Cuidar de nós mesmas é uma responsabilidade, um compromisso sério que muitas vezes não priorizamos na tarefa diária de ser mãe. Geralmente nem aparecemos na nossa lista de prioridades e nunca sobra tempo. Precisa ser sempre assim?

Sabemos que é necessário cuidarmos de nós mesmas para podermos estar inteiras para cuidar do outro. Precisamos ter esses momentos sagrados. Pais que se cuidam tendem a ser mais felizes com a vida e isso se reflete na relação com os filhos. Ganha-se em paciência e em bom humor. Torna-se mais fácil relevar situações rotineiras dos nossos filhos, que desde bebês dependem de nós, tanto fisicamente quanto emocionalmente. Precisamos dele e ele precisa de nós. Precisamos dos cuidados da nossa rede de apoio. Mais um tim-tim por isso.

Sonhamos para nossos filhos uma existência repleta de alegrias e conquistas. Somos seus modelos mais fortes. Desejamos que sejam felizes e precisamos aprender a ser felizes também. Que possam se espelhar em nós e seguir seu próprio destino.

Obrigada, amigas queridas, por existirem na minha vida, no meu caminho e no meu coração. Problemas não vão deixar de existir, mas com vocês ao meu lado a caminhada é muito mais leve e feliz.

Ecoam os sorrisos e as gargalhadas. Os abraços fortes. As poses para as fotos. O olho no olho. A conversa franca. Que delícia tudo isso.

Amo vocês.

Tim-Tim.

Até nosso próximo encontro.

Confirmem, por gentileza, no nosso grupo do WhatsApp.

Beijos,

Sara

De: Malu Pedrosa

Para: ***Uma mãe que tinha vida social***

Querida amiga que frequentava qualquer balada,

Já era. Talvez não seja isso que você queira ouvir neste momento, mas preciso te dizer a verdade, do fundo do meu coração. Já era; mas não é um "já era" ruim. Te prometo. Eu passei por isso, e essa é a razão pela qual eu escrevo para você. Pega um café e só vem. Eu te olho nos olhos agora e me vejo em você. As luzes da boate piscando deram lugar aos nossos olhos piscando de sono, não é mesmo? O *drink open bar* virou *leite open bar*, e a comanda virou o "comando" guiado pelo chorinho da madrugada. A olheira e o coque viraram nosso *look* sem tutorial e, quer saber? Está tudo bem. A conta chegou e já era aquela mulher-livre-leve-e-solta. Sim, já era, porém, para dar lugar ao era-uma-vez. Era uma vez aquela mulher de outrora, e hoje ela dá lugar a você que renasce neste momento juntinho com o seu bebê. Entende que o meu "já era" não é tão ruim assim?

Não é drama, é realidade. De acordo com o Instituto AQNTF (Amigas Que Não Têm Filhos), na cabeça da amiga-mãe, 100% das AQNTF abandonarão a amiga-mãe nesta fase e não vão te convidar para mais nada. Por outro lado, o mesmo Instituto mostra que 100% das Amigas Que Não Têm Filhos pensam que este é o momento para a amiga-mãe ter o seu espaço e lamber a cria e, sendo assim, optam (por respeito e amizade) por não te convidar para mais nada. Pronto: a treta do abandono da vida social está formada. As mil vozes da nossa cabeça começam a falar e a gente fica ali, inundada por hormônios, emoções e suposições: quem sou eu neste rolê? Por que as AQNTF me ignoram? Vai ser sempre assim? Posso chorar agora?

Olha, respostas prontas e cientificamente comprovadas, não posso te prometer. Mas posso procurar entender o seu sentir. Sabe aquele momento em que você se entendia com as AQNTF com uma piscadela para mostrar o *crush* e o *não-crush*? Rolava uma comunicação ali. E agora um novo tipo de comunicação precisa ser estabelecido. Sabe por quê? Porque não podemos exigir das pessoas ao nosso redor que adivinhem o nosso sentimento. Verbalizar é preciso. Quem não chora, não mama. Quem não fala, se estrepa. E em matéria de se estrepar por não falar, eu sou especialista.

Quando digo sobre a importância de verbalizar, eu falo da minha própria experiência. Na solidão da maternidade, tudo que eu mais queria era um convite para um passeio entre as amigas. Um café, um cinema, um show ou uma viagem. Mesmo que, muito provavelmente, não pudesse aceitar a oferta, eu queria pelo menos ser lembrada como uma pessoa normal que ama café, cinema, show e viagem. Eu queria ser incluída. Eu queria, por meio das amigas, manter contato comigo mesma, com o meu antes (e guardar no bolso o meu depois). Mas eu nunca consegui dizer isso a elas.

Pelo contrário, optei por ficar ali, esperando o momento do convite que nunca veio. Eu criei minha própria expectativa. E como minha mente já estava nesse looping de criar as coisas, criei histórias na minha cabeça. Acreditei que já era. Já era a minha vida social. Naquele momento de olhos piscando de sono e open bar de leite, criei uma narrativa na minha mente. E nessa narrativa eu não consegui enxergar com clareza a personagem que vinha depois. Porque eu insistia em olhar só para a personagem do antes. Era como se eu estivesse diante de dois caminhos e pudesse escolher apenas um. Ou o antes, ou o depois. Na minha história, ali, um caminho anulava o outro. Mas a beleza da vida está em nos desafiar e mostrar que de caminhos... quem entende é ela!

Levei um tempo para entender que um caminho não se faz com uma linha reta. O caminho se faz de encontros, pontes, ladeira acima e ladeira abaixo. Hoje entendo que escolher só um caminho é desperdício. Porque a beleza reside na junção de tudo o que fomos com o potencial do que podemos ser. Muitas léguas de caminhada lapidaram a mãe que sou hoje. Olhando para trás, vejo a importância de cada rota, curta ou longa, na história da minha vida. É por isso, minha amiga querida, que decidi escrever para você.

Hoje eu inauguro junto a você o seu próprio "era uma vez". Pega o "já era" e usa como degrau para sua história: era uma vez uma mulher que viveu momentos incríveis no passado e, hoje, aqui e agora, vive uma história única. Feche os olhos e abrace quem você foi. Converse com o seu eu anterior, olhe nos olhos, brinde tudo que vocês já caminharam juntas. Agradeça. Agora abra os olhos e sinta: a mágica está no presente. A mágica está em você. E tem todo um novo caminho à sua frente te esperando para ser trilhado. Pegue esse caminho, aqui e agora, e se lance rumo ao seu era uma vez!

Com afeto,

Malu

De: Karine Mattos

*Para: **Uma mãe que recebe muitos pitacos***

Para uma mãe e sua confiança,

Olá para você que acaba de ouvir mais um palpite absurdo e bufa de raiva diante de um livro, de uma tela ou até de um espelho. Você, que mais uma vez precisou engolir a seco uma opinião não pedida apenas para manter uma educação que, nesse caso, parece vir apenas do seu lado. Você, que não nasceu sabendo ser mãe, mas nem por isso esperava que todos ao seu redor fossem julgar saber o que é melhor para o seu filho antes das suas decisões.

Bem aí, no meio desse caos que explode no seu peito, essa mistura de insegurança com respostas não ditas e engolidas com gosto amargo, mora uma força. Sim, eu sei que dói. É terrível quando deixamos a opinião alheia nos fazer questionar a mãe que desejamos ser, pois nem sempre ela anda de mãos dadas com a mãe — possível — de ser. Também não sei como você lida com segurança, mas para mim, insegura desde a infância e dona de uma luta interna com sentimentos de rejeição, os palpites alheios chegavam como flechas, daquelas que rasgam.

“Você não dá açúcar? Mas olha o quanto você come!”... “Não acha que deveria cuidar mais da sua aparência?”... “Tirar a chupeta? Por quê?”... E, claro, aquela frase cruel: “No meu tempo nunca foi assim!” Todas sentenças que, junto de tantas outras, formam uma coleção de jargões palpiteiros conhecidos por nós, não é mesmo? Mas, veja, maternar pode te libertar também. Eu vi no meu filho a força para dizer o “basta” que eu tanto ansiava, pois agora ele é por mim e também por ele.

Decidida a curar e não reproduzir meus próprios medos, encontrei propósito para enfrentar os palpites, e sei que essa força existe em você também. E é por isso que hoje te escrevo: pra lembrar que tudo de que seu filho precisa, ele tem no seu colo. É você que decide, é o *seu* maternar. São seus olhos que sustentam as noites no colo, e seus braços que aguentam as guerras que ninguém mais vê.

Por isso, liberte a si mesma da expectativa dos palpites. Leia, se informe e confie que, acertando ou errando, a decisão é sua. “No meu tempo não era assim”, diz a sociedade, mas quem vive o hoje somos nós. Faça do seu tempo um percurso digno de ser lembrado. E, se eu pudesse te dar um palpite (calma, esse seria daqueles que encorajam!), te diria pra respirar fundo, fazer uma “cara de alface” (quem sabe, soltar uma pequena ironia?) e se vestir de toda a coragem que encontrar pra confiar na mãe incrível que você é. Vamos?

Com o carinho de quem também revira os olhos por dentro quando escuta absurdos,

Karine

De: Amanda Acacio

Para: ***A minha mãe***

No tempo da delicadeza decido te escrever, e digo, não é fácil desaguar, mas amargo esta sensação de estar profundamente perdida em mim mesma, e queria te contar que agora, mesmo no silêncio e na memória, te observo. E admiro. E me pergunto como você conseguiu reviver depois desse renascimento, desse tropeço e confusão que é o nascimento de um filho.

Ver a poesia se transformar em realidade doeu tanto que acho que pari mais que filhos, pari sensações absolutas de êxtase misturadas com terror.

Fui filha tantos anos que achei que sabia de tudo! Olha que tolice! Mas ainda bem que tenho tempo para me redimir, e me pergunto: como você conseguiu manter a doçura diante do caos?

Preciso que me ensine, pois sinto — e cada dia essa sensação aumenta e me atormenta — que estou desgovernada e tendo que me conter em mim, quando na verdade quero voltar a ser filha e estar na proteção da sua sombra novamente.

Mas sei que não posso permanecer, mesmo que sinta que engoli um outono inteiro de melancolias. Quero despertar para um amanhã brilhoso e entender a história da nossa história, esse começo amoroso que juntas acabamos por criar.

Por isso reúno palavras bonitas misturadas com lembranças breves que têm seu cheiro. Cheiro de aconchego misturado com coragem pra te falar sobre nós, sobre esses dois peitos que sobem e descem na mesma cadência. Sincronia de emoções e átomos. Somos feitas da mesma matéria. Tão complexa e bonita como uma cadeia de DNA, aquilo que geneticamente nos une e remotamente nos define.

Mãe e filha.

Um apanhado de vida e sustos sussurrados e escondidos para proteger. Ontem eu. Hoje você.

Esse cotidiano macio e encardido, cheio de olhares cúmplices, mãos que abraçam e cuidam, rotina que se repete sorrindo de novo e de novo.

Você me vestiu de amor.

"Cuidado com a chuva, beba água, coma fruta, 'miojo' não é comida. Tem que tomar sol. Micro-ondas faz mal. Não precisa trazer nada. Só você."

E no meio de todos esses afetos cotidianos cuidou do meu fôlego. Me fez corajosa e coração.

Vez ou outra dizia: "Cuidado ao engolir palavras ao invés de falá-las. Você vai se engasgar. Não sei como você dá conta".

Também não sei, mãe.

Agora, durante estas noites que demoram décadas para terminar, procuro brechas e te encontro pacífica no meu íntimo.

Todas essas confusões são bem-vindas e esperadas, mas causam comoções que permito que me invadam.

E eu sei, ou pelo menos deveria saber, que além de mim, tem você. Naquele longínquo ontem mesmo, enquanto me ninava, devo confessar que não te via. Nem naqueles nossos intervalos de calma, antes do precipício me engolir.

Me apequenei, tão constrangida do meu egoísmo de te enxergar apenas mãe, logo você, cheia de adjetivos e tão múltipla de detalhes brilhantes, que agora, neste presente, procuro maneiras preciosas de te dizer que és meu refúgio afetivo.

Hoje eu nino meu bebê e você está aqui. Neste lugar tão nosso onde são permitidas cenas amorosas, onde podemos construir esperanças e caminhos, onde resistimos.

Sei que você escuta meu coração, acolhe minhas inseguranças e permanece. Sei que não tem todas as respostas, e que, aliás, chorou dúvidas e medos durante nosso relacionamento. Se mostrou apenas humana, sem superpoderes. Como uma mulher deve ser.

Você foi o que eu precisava. Sorriu ao soltar minha mão. Confiou em mim enquanto eu desconfiava de ser capaz.

Ao me tornar mãe, vi defeitos coloridos em você. Ainda bem. Nada é mais frustrante que confiança disfarçada de perfeição. Você não é perfeita. Nem eu. Mais uma coisa em comum.

E assim, continuo te admirando, igual àquele tempo onde vestir suas roupas e sapatos era de certa forma vestir sua pele. Ser uma diminuta você, pequena aprendiz de amabilidades.

Nem tudo foi dito, ainda preciso de tempo, e espero tatear o futuro com a sua bondade me guiando.

Prossigo nessa nova história que se inicia com meu filho. Me completo mais um pouco ao me tornar mãe. Ternura virou minha palavra favorita. Choro baba e ranho quase todos os dias, mas você está aqui ao meu lado. Então sorrio perseverança.

Você me ensinou que a alegria é um abraço que a gente não quer que termine.

Um abraço infinito de sua filha,

Amanda

Para quando a família aumentar

De: Mariana Gomes

Para: ***Uma mãe que tem dúvidas sobre ter outro filho***

Olá,

Comecei a escrever esta carta por um motivo bem singular, sabendo que você também pode estar passando por isso, e ao iniciar a escrita uma enxurrada abrupta de memórias veio conduzindo o rumo dessa prosa. A avó da Sofia fez artesanalmente um álbum de fotografias para comemorar os seus dois anos de vida, lindo, bordado, perfumado, com legendas datadas cheias de ternura de vó.

Fui apreciando os olhares de irmão mais velho do Francisquinho nas fotos, enciumados, encantados, divididos, sem ressalvas nem rótulos de "meio-irmão". A paixão instintiva do pai, suas mãos entrelaçando um corpinho miúdo e seu nariz que explora e reconhece cada detalhe da cria. E me vi saudável, bonita, cabelo brilhoso, não gorda como estava me sentindo, presente, vivendo a gestação externa sem nem querer distinguir quem era eu e quem era ela. E, sabe? As lembranças não foram as da madrugada acordada, nem as do desespero para fazer dormir a soneca sem associações, nem a da bagunça que eu parecia no espelho.

Foram mais profundas... Lembrei-me dos tantos fracassos e feridas para chegar até essas fotos, quantas perdas, rompimentos, arrependimentos, dissabores. Recheios da vida. Decisões, amores, encontros e desencontros, viagens, retornos. Me deu uma sensação de triunfo, de poder, de vitória, e aí me veio uma vontade profunda de ter mais um filho. Você já sentiu isso? Está rindo de mim ou também sente essa vontade meio maluca?

Parece loucura mesmo, né? Não tem braço suficiente para colo, espaço no banco de trás do carro, saldo na conta bancária. E o ditado é categórico, "três é demais". Você concorda com isso? Ou se pôs a pensar, na lucidez sóbria de quase quatro décadas, como eu, calculando que, se não for agora, talvez não seja nunca mais? E como essa decisão de agora ou nunca é cruel e impiedosa? Saber que você também está passando por isso me ajuda a romantizar e racionalizar essa decisão.

Porque mais um... poderia ser para minimizar o meu autojulgamento e o julgamento alheio sobre "ter um filho de cada pai"; para fugir do regresso-alto-e-avante da carreira; para suprir o vazio caótico dos tempos de pandemia; ou até para me esconder mais profundamente dos outros papéis da mulher para além da maternidade. Esse filho poderia dar ainda mais estrutura para o casamento, e trazer todo o afeto embebido em dependência, de que sinto falta agora.

Te conto isso me despindo de todo o amálgama com que meu superego me cobre. Mas me diz você, olhando um álbum como aquele, se não desejou colocar mais gente do bem no mundo, irmãos companheiros para a vida toda. Se não teve vontade de ter a casa ainda mais cheia e de sentir mais intensamente essa devoção materna que forja e lapida a gente, extrapolando qualquer crise de consciência e falsa ilusão do que o filho pode trazer, que não o que ele já traz por si só.

Me conta da sua decisão. Quero te ouvir, mesmo sabendo do teor retórico desta carta, ou que a resposta para essa nossa dúvida esteja aqui/aí dentro, guardada com laços, perfume e bordada delicadamente como nos álbuns da avó.

Com amor,

Mariana

De: Lucia Moro

Para: ***Uma mãe que espera o segundo filho***

Oi, guria.

Você mesma, que embala o bebê enquanto descobre como dar conta de um mundo que antes apenas permeava suas brincadeiras no jardim da casa dos seus pais.

Você, que precisa ser uma fortaleza quando tantos medos e inseguranças te olham de perto.

Você, que questiona os próprios sonhos porque descobriu que amar também dói.

Eu sei que conselhos podem ser tão vazios quanto conversas sem interesse, mas pode confiar em mim, eu já estive aí.

Sua barriga está crescendo enquanto aquela mãozinha pequenina a acaricia, sem entender as mudanças que estão por vir.

Seu amor expandindo, mas também trazendo uma dose inimaginável de medo e culpa.

Você está com medo de não amar o segundo filho como ama aquela pessoinha que te transformou em mãe e mudou toda a sua vida, então sente culpa.

Você tem medo de não dar conta de cuidar de duas crianças da mesma forma, então sente culpa.

Você tem medo de se perder nesse romance e nunca mais ser "você", então sente culpa porque sabe que está vivendo a bênção e o sonho da maternidade, e ainda assim consegue ter medos e dúvidas.

Lágrimas queimam sua pele e doem no seu peito, mas acredite quando eu digo: é normal e vai passar.

O desconhecido assusta, mas o amor salva. Sempre salva.

Daqui a pouco, a instantes de tudo mudar definitivamente, o medo será ainda mais avassalador. Seus questionamentos sobre ter decidido aumentar uma família que já era completa virão acompanhados da dor mais profunda no seu peito quando em um corredor de hospital você se despedir do seu filho mais velho para ir receber o mais novo, tentando ser forte por vocês dois enquanto caminha por aquele corredor que irá te separar definitivamente da vida de mãe de filho único.

Lágrimas vão rolar naquele rostinho infantil, que significa seu mundo inteiro, e lágrimas vão rolar no seu rosto de mãe; mas não culpe o amor, é só o medo ocupando um espaço, então se lembre: tudo bem ter medo!

O choro dolorido vai rapidamente ser substituído por lágrimas de emoção quando todas as respostas que você procurava se apresentarem no formato de um bebê lindo, com um choro forte, que só vai cessar quando deitar no seu peito e vocês se olharem pela primeira vez.

Nesse instante tudo irá clarear e você será invadida por uma espiral de emoções que te deixará sem ar.

O amor do primeiro filho é construído conforme se anda por aquela nova estrada, transformando o instinto animal de proteção no mais profundo e indescritível sentimento de amor, que faz pensar ser impossível senti-lo novamente, por ser intenso demais.

O amor do segundo filho é como um sopro. Ele chega no intervalo das batidas do seu coração, naquele instante em que os braços se esticam para segurá-lo no colo pela primeira vez, e então vira companhia para sempre naquela estrada já conhecida.

Esse amor, tão indescritível quanto o que você já aprendeu existir quando foi mãe pela primeira vez, entra no seu coração e acalma sua alma em um único segundo. Então você entende a complexidade da maternidade, o poder do amor de uma mãe, a força dos sentimentos que temos por nossos filhos, sendo eles dois, três ou mil.

O segundo filho vai ressignificar suas emoções e mostrar que o amor mais lindo que você já viveu não é o seu amor de mãe. Prepare-se para algo ainda mais avassalador: o amor de irmãos.

O amor de duas pessoas que dividem uma vida que ninguém mais realmente conhece. Os mesmos valores e as mesmas recordações criando laços de uma amizade baseada nos princípios que você transmitirá.

Aos poucos a nova rotina se estabelece, aos poucos a curiosidade dá espaço para brincadeiras, e quando você menos esperar seus filhos estarão rindo juntos. E nesse dia... Ahhh!... Nesse dia você irá parar com o que estiver fazendo, escorar-se na porta da sala, olhar seus dois filhos sendo felizes por terem um ao outro, e então você apenas agradecerá por suas bênçãos.

Aos poucos, perceber que seu primeiro bebê está crescido e já contando histórias para o mais novo, ter o pequeno querendo dormir na cama do mais velho e viver a parceria de duas crianças que se defendem quando caem ou comem chocolate escondido, vai ser o seu novo modo de se sentir completa. Ainda depende de você, mas não é sobre você, é sobre eles. O seu amor passa a ser a construção do amor deles, e essa será uma herança muito valiosa que ficará para ambos: o amor de irmãos.

O primeiro filho teve o seu amor só pra si, porém, em uma versão de mãe em construção.

O segundo filho já nasce dividindo atenções, mas tem uma versão sua muito mais preparada.

A natureza é sábia e todas as fases têm suas belezas, então relaxe e respire.

Respire fundo, sinta o peito expandir, sinta a brisa fresca no rosto, olhe para si, para os seus sonhos, e aceite a força descomunal que tem no peito.

Coração de mãe não divide espaço entre os filhos, coração de mãe expande!

Aproveite a beleza dessa estrada.

Com amor,

Lucia

De: Nina Kliewer

Para: ***Uma gestante que não se sente pronta para desmamar o bebê mais velho***

Querida,

Fiquei muito feliz com a notícia de que você está grávida mais uma vez. Que alegria e que bênção é poder gerar uma vida, né?! E quem diria que estaríamos passando por esse momento conversando por cartas? Lembro-me bem da última carta que me escreveu, sobre a sua alegria de ter vencido tantos desafios na amamentação e do seu orgulho de continuar firme e forte. Lembro também que seus planos eram seguir amamentando por mais um ano pelo menos. Quando li tudo isso na sua carta, passou-me um filme pela cabeça, de quando eu estava esperando meu segundo filho.

Em momento algum cogitei a hipótese de parar de amamentar por conta da gestação, assim como você. Me fortaleci lendo e buscando referências de que não havia risco e nem a menor necessidade de interrupção, quando se tem uma gestação de risco habitual. Conversei com algumas mulheres que haviam tido a mesma experiência e elas me relataram que o desmame aconteceu naturalmente, durante a gestação. Fiquei triste, pois este era o relato da grande maioria que havia decidido pela lactogestação. Mas estava em paz por saber que seria um processo natural e gradual. Você vai ver que sentirá paz com as suas escolhas, coisa que a maternidade nos ensina rapidinho, não é?

De qualquer forma, comecei a pesquisar sobre amamentação em *tandem*. Sim, que nome feio, concordo. Mas era sobre isso que eu passava horas buscando informações. Para minha surpresa, não encontrei quase nada. A maioria delas dizia não haver uma regra ou um jeito certo de amamentar simultaneamente dois filhos em idades diferentes. Que cada caso é um caso e tem que ser acompanhado e avaliado em conjunto com consultora de amamentação e pediatra. Ao mesmo tempo que essa informação me trouxe um tanto de decepção, por ser tão vaga, me trouxe a paz de saber que era uma coisa que eu teria de deixar fluir, e ir fazendo ajustes. E, sabe? É bem assim mesmo. Cada dupla com a sua dinâmica.

O tempo foi passando e a barriga crescendo. Como é bom sentir todas as mudanças que a gestação nos traz, não é? E, desta vez, poder compartilhar o momento com um filho já nos braços é tão especial! Fomos ajustando as posições de amamentação, permitindo assim um colo para dois. Vendo os dois corações deles tão próximos, tenho certeza de que trouxe uma grande conexão entre eles. Sempre rolava um carinho na barriga, uma conversa com o irmão. Ah, tempos gostosos que passamos curtindo o barrigão juntos! E tenho certeza de que será o mesmo por aí. Você sempre foi tão amorosa!

Me disseram que o sabor do leite muda e a criança acaba deixando de mamar. Me falaram que o leite seca mais para o final da gestação, e depois começa a produzir colostro. E tudo isso de fato aconteceu, mas a amamentação continuava firme e forte. Era pelo dengo, aconchego, pela proximidade e pelo colo. E, sabe? Se hoje eu tivesse uma nova oportunidade, teria conduzido o desmame nessa fase. Mas não o fiz. Decidi seguir. Eu não estava pronta para conduzir o desmame e achava que ela também não estava. Respeitei os meus sentimentos e os dela. E sei que você sempre ouviu seu coração, e desta vez não será diferente.

Quanto mais o parto se aproximava, mais eu era questionada, por muitas vezes, até julgada pelos olhares alheios por estar amamentando uma criança "grande" com um barrigão de final de gestação. Isso não me incomodava. Estar quebrando paradigmas e padrões nunca me incomodou. Eu tinha suporte do meu marido, da minha obstetra e da pediatra, então estava tudo certo. E se você passar por isso, conte comigo para desabafar, conversar ou simplesmente para te inspirar.

Finalmente chegou o dia do parto. Um parto demorado, que ela esperou calmamente acabar para poder mamar novamente. Depois da *golden hour* dele, foi a vez dela de mamar. Nunca vou esquecer aquele olhar que nós duas trocamos. A nossa cumplicidade, nossa conexão, agora ganhava mais uma ramificação. E assim foram os primeiros dias. Ela esperando ele mamar, depois era a vez dela. Eu achei incrível como eles haviam se adaptado, lembra?

Até que em dado momento ela começou a não querer me esperar atender sempre ele primeiro e passou a querer mamar quando ele mamava e a querer meu colo para ela. Aí a situação foi desandando. Ela, que só mamava pela manhã e antes de dormir, passou a querer mamar toda vez que ele mamava. E aí foi caótico... para mim e para eles. Decidi que era hora de mudar a nossa dinâmica. Ele chorava de fome, ela pela carência de colo. Sabe? Foi difícil tomar a decisão de que era hora de desmamá-la. Você sabe como ninguém o quanto eu amava amamentá-la, mas a nossa relação estava adoecendo...

Começamos a conduzir o desmame gradual. E como a palavra *gradual* toma uma proporção grande quando chega a nossa vez... Foram seis meses de muita paciência, idas e vindas de dias bons e dias difíceis. Lembro que na época nós duas conversamos sobre isso, e quanto estava sendo desafiador. Seu incentivo e acolhimento me fizeram tão bem! E quando eu menos percebi, estava pronta. Pronta para a finalização de um ciclo, de uma fase, e para iniciar outra. Afinal, o cansaço e o desgaste estavam prejudicando toda a nossa dinâmica familiar.

O mais bonito da amamentação é isso. Parece que tem vida própria, com início, desafios e o fim, que só saberemos na hora certa. E te digo que todos os dias valeram a pena. Eu não voltaria no tempo para fazer diferente, pois respeitamos nossos limites e nossos desejos e sentimentos. Desejo que com vocês aconteça o mesmo. Que seja leve essa fase, que te deixe várias lembranças lindas na memória, e que tenha fim quando tiver que ter. Dando um passo de cada vez. E, enquanto isso, conte comigo sempre que precisar.

Com carinho,

Nina

De: Lucia Moro

*Para: **Uma mãe que sofre ao ver as pessoas comparando seus filhos***

Oi, guria!

Como estão as descobertas da vida de mãe de dois?

Vim aqui porque preciso te dizer uma coisa: relaxe!

Eu sei, filhos pequenos em casa, familiares e amigos opinando, Google oferecendo soluções, e entre uma informação e outra tem um bebê chorando, uma criança correndo e aquela coisa que você ia fazer acaba esquecida em meio à montanha de brinquedos.

Eu sei que você está fazendo o seu melhor, pesquisando sobre disciplina positiva e todo esse novo maternar, que é tantas vezes difícil por ser diferente da cultura na qual você foi criada. Mas relaxe, está tudo certo!

A maternidade é uma viagem a um lugar em cuja mala carregamos uma boa dose de culpa; mas há outra muito maior de amor. E quando tudo parece caótico, tire o amor da mala e as coisas se resolverão como num passe de mágica.

Você sabe qual a sua motivação, quais os valores e princípios que quer passar para os seus filhos e qual a melhor forma de fazer tudo isso, dentro da sua realidade diária.

Você sabe qual a melhor abordagem para envolver seu filho mais tímido em um evento e como desacelerar o seu filho mais extrovertido.

Você sabe como equilibrar tudo de forma pacífica para criar seres humanos dentro da sua visão de liberdade, valorizando as particularidades e estimulando seus "eus" interiores.

Você sabe que os filhos não podem ser iguais, porque nem você é a mesma mãe, considerando os anos que separam um irmão do outro. Então como eles haveriam de ter as mesmas reações, se são resultados de influências diferentes?

Você sabe de tudo isso, mas existe quem pense ter as melhores respostas mesmo sem acompanhar a rotina, sem passar 24 horas do dia sendo invadido por pensamentos de como criar da melhor forma possível aquelas crianças, sem ter nelas a razão de toda a sua construção pessoal. Tenho bastante convicção quando digo que toda mãe de mais de um filho já ouviu alguém comparando os irmãos.

Se um não almoçou bem, tem sempre alguém para apontar que o outro comeu tudo.

Se um é mais intempestivo, não faltam comentários sobre o temperamento tranquilo do outro.

Quando um é aventureiro, o outro não é corajoso.

Se um é calmo, o outro é nervoso.

Se um é esperto, o outro é preguiçoso.

Se um é amável, o outro é reservado.

Sim, existe e é injusta a comparação entre irmãos, mas eu te digo uma coisa: é por amor!

Quando alguém muito próximo compara seus filhos, está tentando estimular um a ser ou fazer algo como o outro, no que eles julgam ser melhor.

É por querer que se alimentem melhor, que estudem mais, que sejam mais independentes... É porque querem o bem!

Amigos que já têm filhos adoram dar as dicas que funcionaram com eles e os tiraram do caos. E talvez um dia, quando você estiver se sentindo uma mãe experiente e segura, você se veja discursando para uma amiga que recentemente ganhou bebê, indicando todas as táticas que funcionaram na sua casa.

Pais e sogros podem querer que você siga o modelo que eles usaram no passado. Porém o estilo de educação parental mudou absurdamente nos últimos vinte anos, então nem espere que alguém que foi criado e criou filhos em um sistema muito mais autoritário compreenda a liberdade que você dá às suas crianças hoje. Mas aceite que eles já são a evolução da geração deles, e tenha consciência da grande probabilidade de um dia você ser criticada da mesma forma como você faz agora.

Assim é a vida! Assim se dá a evolução.

Sim, existe e é injusta a comparação entre irmãos, mas dependendo da forma como você conduz ou aceita essas comparações, elas podem ser tão insignificantes que aos poucos vão minguar até desaparecer.

Quando você vê beleza na diferença entre seus filhos, quando você os cria mostrando que o que os difere, os completa, você trabalha o amor entre irmãos e a autoconfiança de cada um.

Não podemos querer ser como alguém. Temos mesmo que querer a singularidade de quem somos. E quanto antes seus filhos viverem essa realidade, mais independentes serão.

A calma e a agitação não precisam ser opostas: podem se equilibrar.

A curiosidade e o medo podem resultar em segurança racional.

A música e os gráficos podem criar algo muito mais interessante juntos.

Imponha limites aos palpites exagerados, mas avalie bem se há necessidade de travar batalhas que talvez criem barreiras, separando porções de amor.

Continue no seu caminho e **relaxe!**

Sem culpas, sem tentar agradar a todos, mas sendo fiel ao que você considera melhor para os seus filhos.

Não se culpe se o filho mais velho foi mais mimado e hoje você escuta coisas que machucam. Ele tinha seu amor com exclusividade! Estranho seria se fosse diferente.

Não se culpe se o filho mais novo não tem atenção suficiente e seu gênio lhe rende comentários desnecessários. Ele só conhece o mundo assim e o seu amor é o suficiente, sim.

Não se culpe por ter amadurecido e mudado sua forma de conduzir determinadas situações. Onde há amor, não existem erros, apenas ajustes. Seus 2, 3, 4, 5 filhos sentem o amor.

Deixe que eles sejam quem são, que evoluam enquanto você evolui também.

Deixe que as pessoas pensem e falem o que quiserem sobre os irmãos que não são robotizados. Não desconstrua o amadurecimento por conta de julgamentos externos.

Deixe que o seu amor seja sempre a resposta final, dando liberdade para seres humanos diferentes crescerem em um mundo com tanta diversidade.

E, claro, relaxe!

Com amor,

Lucia

PARA QUANDO O AMOR E A CONEXÃO SE FIZEREM NECESSÁRIOS

De: Priscilla Fontes

Para: ***Uma mãe que quer fazer diferente***

Querida mãe,

Quero te contar algumas coisas que eu só aprendi depois de um tempo após meu filho nascer. Mas também quero compartilhar algumas coisas que eu aprendi ainda na minha infância. Começo te contando que, quando eu estava grávida, ansiava por educar meu filho, por ensinar-lhe tudo o que eu achava importante e gostaria que ele aprendesse e fosse. E isso incluía todas as qualidades e atributos que eu mais gosto em mim, e, também, o completo oposto dos traços de que eu menos gosto na minha personalidade. A gente tem disso, né? De querer livrar os filhos das nossas características que tornam a nossa vida mais difícil e nos trazem mais sofrimento.

Então, eu estava decidida. Foi só quando meu filho chegou à fase de querer repetir tudo o que falávamos e imitar tudo o que fazíamos que eu me dei conta do quanto o meu plano era falho. Foi nessa hora que a máxima "a palavra convence, mas o exemplo arrasta" me atingiu em cheio. Eu me dei conta de que não seria suficiente dizer para ele o que fazer. Eu precisaria mostrar. E não apenas quando eu achava que estava ensinando, mas enquanto eu estava vivendo. Ou seja, a todo momento.

Não ia ter como ensinar algo que eu não praticava. Foi aí que entendi que precisaria começar por mim. E, pensando bem, faz muito sentido, né? Se eu quero algo para o meu filho, por que não iria querer para mim também? Ficou claro então que eu precisaria me educar para educá-lo. Só que eu não tinha ideia de quão profundo eu precisaria mergulhar, de quão longe precisaria ir. Afinal, é na infância que aprendemos a ser quem somos hoje. E é para lá que precisamos voltar.

Eu não preciso te conhecer para saber que você, assim como eu, sofreu abusos emocionais quando era criança. Talvez até mesmo físicos. E eu sei disso porque essa ideia de educar filhos com respeito e empatia é coisa nova. Na época dos nossos pais, as informações que temos hoje simplesmente não existiam. E eu tenho certeza de que eles fizeram o melhor que podiam com o conhecimento que tinham. Porém as cicatrizes que esse processo deixou em nós são reais e profundas.

Talvez você nem se dê conta delas. Talvez acredite que, apesar de uma criação autoritária e violenta, você acabou se saindo muito bem do outro lado. Ou talvez você até acredite que foi justamente essa parte da sua educação que te preparou para a vida. Mas não foi. Foi todo o resto!

Eu sei, é difícil admitir. É difícil lidar com a nossa própria dor. Precisamos justificar a nossa própria história, e isso torna difícil aceitar como certo algo que é diferente daquilo que vivemos. É dolorido demais admitir que as pessoas que mais nos amam nesta vida nos machucaram, mesmo que não fosse a intenção. É muito mais fácil não olhar para isso. Mas sabe o que acontece quando escolhemos esse caminho? A gente repete o que foi feito com a gente. Quando não olhamos para as nossas feridas, acabamos descontando em quem não nos machucou.

Também sei que é difícil termos em mente que não apenas os nossos filhos nos devem respeito, mas que nós também devemos isso a eles. Afinal, na nossa infância nos ensinaram que criança não tem direito de querer, de ter vontade própria ou de demonstrar emoções por motivos que não forem devidamente aprovados pelos adultos. Então, é complexo acolher, quando não fomos acolhidas. É duro escutar e amparar o choro dos nossos filhos, quando nosso próprio choro foi calado tantas e tantas vezes. É difícil ter controle emocional quando, na infância, no momento em que deveríamos estar sendo ensinadas a fazer isso, éramos forçadas a lidar sozinhas com a enxurrada de emoções que com frequência nos inundava.

E aí nós crescemos, e acreditamos que a criança que fomos um dia não existe mais. Mas a verdade é que ela continua dentro de nós. Machucada, magoada. E os nossos filhos sabem exatamente onde está cada ferida dela. Mesmo aquelas mais escondidas, que nem fazíamos ideia de que ainda existiam. E mais do que isso: com frequência eles as cutucam. Quando isso acontece, ficamos vulneráveis e entramos de forma automática no modo de luta ou fuga. Mas, cá pra nós, nossa tendência não é fugir. Temos uma propensão muito maior para a luta com nossos filhos. Principalmente por termos enraizada a crença de que somos superiores e podemos subjugá-los através da força, do grito ou de ameaças. Mas, além de desrespeitoso, isso não ensina o que queremos. É apenas uma forma de o adulto despejar em cima da criança as emoções com as quais não consegue lidar.

Mas não precisa ser assim. Existe outro caminho. Mais respeitoso, mais empático, e que realmente ensina o que você deseja que seu filho aprenda. Um caminho em que você o ensina a se autorregular, sendo exemplo de como lidar com as suas próprias emoções. Ensina empoderamento e confiança, demonstrando que você acredita na capacidade do seu filho. Ensina responsabilidade emocional, reconhecendo quando você erra. Ensina que é importante saber ouvir, escutando com atenção o que o seu filho tem a dizer. Ensina criatividade, dando espaço e liberdade para que seu filho se sinta seguro para explorar, experimentar e errar. Ensina senso de pertencimento, incluindo a criança nas decisões. Um caminho em que você garante que sua criança tenha uma forte percepção de importância, deixando que ela contribua com o que já é capaz de fazer. Em que você lhe ensina a tomar boas decisões, dando opções de escolha. Ensina respeito, respeitando a integridade física e emocional dela.

Esse caminho não é instintivo. É preciso se empenhar, buscar informação, estudar. Você pode achar estranho ter de estudar para algo que sempre te venderam como uma coisa que você nasceu para ser. Mas ser mãe é um trabalho difícil, complicado, que traz à tona todas as nossas vulnerabilidades. Nossos filhos colocam uma lupa em nossas sombras, e precisamos lidar com elas de frente. Por isso, precisamos investir tempo e energia em nosso autoconhecimento, pois é só através dele que podemos reconhecer nossas feridas, acolher nossa criança interior, e assim acolher também nossos filhos. Só assim conseguimos agir como adultas, quando nossos filhos estão agindo como crianças. Crianças que eles são.

É um caminho cheio de tentativas e erros, mas também de autoacolhimento e autocuidado. Posso te garantir que não é um caminho fácil, mas é um caminho possível e lindo de trilhar. Vamos juntas?

Com carinho,

Pri

De: Giulianna Perrota

Para: ***Uma mãe com filhos de pais diferentes***

Olá, minha querida,

Você não precisa mais se sentir tão só.

Eu conheço a sua dor.

Eu me vejo em você.

Sei que, ao ganhar o seu primeiro filho, e mesmo antes dele, você sonhou.

Sonhou com o primeiro sorriso, com a expectativa do engatinhar, com a primeira festa, que seria só um bolinho e virou um evento, ou então com a comemoração intimista, porém enorme em proporções de afeto.

Conheço os medos, as inseguranças e a exaustão que a maternidade provoca. Conheço o choro no chuveiro depois de um dia difícil, ou de alegria com a primeira florzinha que ele arrancou do chão e te entregou, com a pureza e cheirinho de filho que só os nossos têm.

Sim, eu sei que tudo isso não elimina os sonhos, os projetos e o desejo pelo crescimento pessoal e profissional da mulher que ainda está aí, mesmo depois dessa avalanche que é a maternidade.

Vou além e te digo que me reconheço no desejo genuíno de construir uma relação de parceria e cumplicidade com alguém que a ame verdadeiramente. E, sim, eu sei que relacionamentos chegam ao fim, e que seguir em frente pode ser desafiante.

Por isso, quando o seu coração lhe disse que era a hora de começar um novo amor e uma nova família, ela, a mulher que você se tornou, foi quem te presenteou com a coragem necessária.

Sim, coragem, porque fazem parte do processo as alegrias e também as dificuldades que permeiam a união entre duas famílias quando os nossos filhos estão envolvidos nessa construção. Coragem, porque o preconceito e o olhar de reprovação quando se tem filhos de pais diferentes pode ser cruel.

Como um rio, a vida flui, fazemos novos planos, traçamos novos caminhos, mas todos, absolutamente todos, incluem os nossos filhos.

Sem romantizar o processo, posso afirmar que com o seu segundo, terceiro, ou quantos filhos você tenha tido, apesar de pais ou cenários diferentes, o seu amor esteve aí, tão vivo e presente quanto a certeza de que você nunca mais dormiria ou faria uma refeição em silêncio.

Sinto uma necessidade enorme de lhe dizer: não se culpe. Apesar de saber que a culpa anda de mãos dadas com a maternidade, e que se livrar dela é um baita desafio.

Nos culpamos porque relações familiares com pais diferentes podem ser conflitantes. Nos culpamos porque com pais diferentes nossos filhos podem receber doses diferentes de amor, e isso dói.

Sabemos que aquela criança ou adolescente que tanto amamos pode e muito provavelmente sentirá medo de nos perder com a chegada de um irmão ou de uma figura masculina. Por isso a humildade de quem está chegando e a sabedoria para dosar as emoções, para que cada um ocupe o seu lugar, são tão importantes.

Só que nenhum dos livros sobre inteligência emocional, que você leu de trás pra frente, conseguiu te dar a verdadeira proporção da intensidade desses sentimentos, não é?!

Você e o seu filho, seu filho e o pai, seus filhos e você, os pais dos seus filhos e os seus filhos, além do meio-irmão que em algum momento será mencionado em uma sociedade que insiste em nomear tudo sem dosar os impactos disso. Essa orquestra não esteve sempre afinada, e você, melhor do que ninguém, sabe disso. É preciso paciência, tolerância e muito jogo de cintura.

Mas os seus filhos são irmãos por inteiro, apesar de terem pais diferentes. Diga isso a eles e sinta-se orgulhosa por todas as vezes que você alinhou os pontos com o seu parceiro, propôs e não impôs, estabeleceu laços de cumplicidade e combinados para fortalecer a relação entre os irmãos, além da tão importante relação familiar.

Porque sabemos que o diálogo liberta, mas, por vezes, até ele cansa. Em nossos corações, desejamos que não fossem necessárias tantas intervenções, que as relações fluíssem naturalmente e que não houvesse comparações ou conflitos desnecessários.

Mas, sabe? A vida é como uma pia e sua interminável pilha de louça. Não importa quanto você lave ou limpe, sempre surgirão novos pratos, às vezes talheres, copos ou algum utensílio diferente.

Não me entenda mal. Esta não é uma definição pessimista. Nada, nunca, está perfeitamente arrumado, e é esse dinamismo que traz o movimento, o amadurecimento e a evolução necessária para as nossas vidas. Por isso, não deixe que as suas frustrações, medos e inseguranças a engulam. Coloque-se e inclua todos os membros dessa família em uma relação amistosa, ouça e use a sua voz sempre que necessário, não deixe que os seus filhos se sintam inseguros em relação ao seu amor, para que a confiança esteja sempre presente.

Porque todos nós queremos pertencer e nos sentir amados, e com eles não é diferente. Por isso, ame-os, dê-lhes o seu amor de mãe, aquilo que foi confiado a você e que somente você pode dar a eles.

Porque eles crescerão, amadurecerão, criarão as suas próprias famílias, e quando pensarem nos momentos marcantes ou nos desafios que encontraram pelo caminho, muito provavelmente não se lembrarão de todos os detalhes, de tudo o que ouviram ou sentiram, mas se lembrarão de você.

Eles se lembrarão do seu amor, e de como você uniu todas essas ramificações, formando um grande ninho de afeto. Eles se lembrarão de você.

Um abraço,

Giulianna

De: Mariana Gomes

Para: ***Uma mãe que não teve a conexão que esperava***

Olá, querida,

Não sei se, como eu, você também nunca falou sobre isso. Ou não teve coragem, porque nem parecia possível. Jamais vi acontecer com alguém, e tampouco havia ouvido falar de alguma mãe que passou por algo parecido. Se tivéssemos uma à outra para nos ligar no dia em que ficou evidente para todos, poderia ter sido mais fácil.

Eu te entendo; trancar-se no banheiro e chorar sem parar era mais fácil. Soluçando e engolindo o choro ao mesmo tempo, para que ninguém te ouvisse. Uma ligação faria materializar ao mundo a dor que sentíamos, e imagino que você, assim como eu, não quisesse entrar em contato com esse sentimento.

Eu te entendo quando se lembra do nascimento, do colo, daqueles dois corações batendo um pelo outro. O primeiro carinho entre as sobrancelhas...

Falar sobre todos os detalhes da nova rotina era normal... a amamentação, a licença-maternidade, a decisão pela creche em vez da babá. Mas coragem para contar que aquele bebê, tão desejado e amado, parecia estar te rejeitando... isso era inconcebível, não é mesmo?

Você imaginou que alguém te diria "fica calma, esse vínculo é construído", ou "é porque ele está recusando o peito"? Ou "não se preocupe, tem bebês que são mais apegados ao pai, mesmo" ou "bebês ficam sentidos quando vão para a creche", ou "isso é coisa da sua cabeça"?

Mas eu sei que não era dessa rejeição que você queria falar, e realmente não daria para acreditar que alguém pudesse compreender o que você mesma não compreendia.

E te entendo se você pensar que não é uma questão de se vitimizar ou viver refém de um histórico de rejeição ou de desamparo. Esse sentimento não é sobre vitimização. É sobre visceralmente se achar merecedora do amor do seu filho. Que mãe não acha isso?

Se tivéssemos uma à outra para ligar e dividir essas impressões ou carências... Mas não nos ligamos, não havia ninguém para telefonar, não aos nossos olhos.

Eu não sei você, mas eu quis negar para mim mesma. A cada dia que chegava em casa do trabalho e não era meu colo que ele queria. A cada banho que eu tentava dar e ele se debatia chamando o pai. A cada mordida que eu levava quando tentava acalmá-lo depois de cair. A cada olhar de "como ele é apegado ao pai", ou "nossa, normalmente meninos são mais grudados com a mãe", eu pensava em como queria ligar para alguém como você.

Mas não sabia verbalizar aquilo. Ele só tinha 8 meses. E durou tanto tempo... Com você também foi assim?

Eu me lembro do aniversário de 1 ano. Fizemos uma festa tão linda, e fiquei me perguntando se alguém percebia aquela preferência. Não consegui permanecer ilesa, sabendo que a minha dor tão profunda e em carne viva podia estar assim, estampada no meu corpo. Segui como se estivesse tudo dentro da normalidade. Mas eu sei que ele não quis meu colo na hora do parabéns, mesmo o pai insistindo. Engraçado, quanto mais o pai insistia, mais meu filho me rejeitava. Se eu soubesse que mais alguém estava passando por isso, me sentiria tão mais confortável em partilhar!

O pai dele já sabia o quanto eu estava machucada, mas tentava se esquivar de uma conversa direta. Eu comecei a me convencer de que talvez houvesse algo espiritual, cármico, cósmico, neurológico, esquizofrênico, simplesmente inexplicável. Quanto mais eu tentava entender sozinha e na análise, mais ajuda eu buscava em outros campos.

Se eu tivesse alguém como você para ligar, talvez pudesse ter conseguido separar as coisas, entender que o necessário não era descobrir o porquê da rejeição, mas como transformar e curar toda aquela dor.

Quero te contar, envergonhada, que me vi entregando os pontos. Deixei de exigir meu espaço, de suplicar por um amor que não me alcançava. Meus pensamentos me sequestraram, e só meu corpo permaneceu naquela família. Até o dia em que resolvi, finalmente, falar com alguém, dizendo que iria me separar. Um silêncio pairou por minutos. O choro e o soluço me acompanhavam na frase: "só assim vou conseguir ser amada pelo meu filho".

Ele tinha apenas 2 anos. Eu desisti do casamento porque não cabia mais ali. Era uma peça perdida de um quebra-cabeça antigo. Decidi recomeçar do zero, porque nada para mim podia doer mais que não ser o abrigo e a fortaleza do meu filho.

Nessa ligação percebi que, ao falar da separação, inevitavelmente falava sobre essa ferida e a deixava mais exposta e vulnerável. Mas, ao mesmo tempo, era ouvida por você e outras mães, e me fortalecia na tentativa de reconstruir essa relação que se perdeu não sei dizer quando, por que nem como.

Quero te falar que o tempo curou uma parte. Outra segue em tratamento, acolhida e cuidada. Eu e meu filho nos reconectamos com as ferramentas que tínhamos, e as que descobrimos juntos. Resgatei essa mãe que chorava escondido pelos cantos e passei a falar com ela como se estivesse falando com você, que sabe o que estou sentindo, e essa ligação, que demorei tanto para fazer, aconteceu aqui, de dentro para fora. O amor nos foi leal e me deu colo até eu ouvir o telefone tocar. Mas dessa vez, era meu filho, para mim.

Espero do fundo do coração que o telefone também toque para você e que essa ligação não caia nunca mais.

Com amor,

Mariana

Para se lembrar de que são fases

De: Stephanie Alipio

Para: ***Uma mãe que não dá conta de tudo***

Oi, amiga, tudo bem?

Faz tempo que não conversamos, não é mesmo? Eu sei, sobra tudo, menos tempo. Dizem que faz parte, né? Parte do quê, eu não sei. Da maternidade, talvez? Ou parte da vida, mesmo, mas principalmente da maternidade.

Hoje foi um dia *daqueles* por aqui. Passei o dia contando os minutos, mas o dia não acabava, e me lembrei da nossa última conversa, sobre nunca dar conta de tudo; hoje sinto que não dei conta de nada.

O dia começou antes do sol raiar, e às seis horas da manhã eu já tinha gritado, ameaçado, chantageado e pedido "pelo amor de Deus" para não pular em cima do irmão, não jogar brinquedo pro alto, não gritar. Claro que nessa hora eu já estava gritando, e a falta de coerência não passou despercebida.

Segui levando o dia e empurrando o caos, tentando dar conta das roupas, da casa, do almoço, enquanto pisava em brinquedos e ouvia a televisão ligada ao fundo, me dando pontadas no estômago só de pensar há quanto tempo já estavam ali.

A distração durou pouco, e logo um pulava no outro. Não muito tempo depois, o desfecho esperado se tornou realidade, e os risos se transformaram em gritos e choro. Gritos dos meninos e meus; choro, só o deles. O meu ficou mais uma vez entalado na garganta.

No almoço, já esgotada, acabo discutindo com o marido. Essa necessidade insana que temos de nos martirizar na disputa pelo posto de mais sobrecarregado só faz sentido ali, naquele minuto, mas acaba virando briga do mesmo jeito. Acontece em toda casa, a gente só não fala muito disso, né?

Ainda estávamos no meio do dia, e eu, exausta, seguia em pé, equilibrando, ou acreditando equilibrar os pratinhos, até me sentar para amamentar no silêncio escuro do quarto. Esses momentos por si só já me trazem ansiedade. Você conhece minha agitação natural, a quietude se tornou uma estranha pra mim, uma inimiga da sanidade.

É na quietude que sinto como pipoca estourando a mente trabalhando, e em dias como o de hoje, como pipocas estourando surgem as pendências pulando.

Vacina, consulta, mensagens não respondidas. Compromisso adiado. Calçados precisam ser comprados. Tenho uma reunião amanhã e preciso pensar na logística. O feijão acabou, o que vou fazer de saudável para o lanche? Ai! Esqueci de cortar a unha desse bebê de novo!

Tento respirar fundo, sinto o ar faltar. É ansiedade, eu sei, foi o mesmo que comentou na nossa conversa, e me sinto presa ali, pensando em tudo o que precisava estar fazendo. Normalmente morro de vergonha de falar nisso, essa sensação de estar perdendo tempo parada ali amamentando, mas você é de casa e me entende, né?

Até que olho para baixo, e nos meus braços o meu filho quase dorme. Aquele pacotinho tão pequeno já não está mais ali. Agora vejo um bebê grande esparramado, que ocupa todo o meu colo. O toque angelical de bebê dormindo, esse continua ali, e sinto meu coração quentinho só de observar seus traços tão perfeitos.

É nesse mesmo segundo que sinto um peso enorme nas minhas costas, o tal peso que vez ou outra nos visita: a culpa. Perdida em preocupações ordinárias, deixo de viver esses pequenos momentos que não voltam mais.

Eu já conheço esse caminho, já sei o tamanho da saudade que nos confunde de maneira tão perversa quando olhamos para o nosso menino crescido, cheias de orgulho pelas suas conquistas, mas com o coração apertado, com a certeza da fugacidade da vida.

Foi aí que as lágrimas escorreram, e me lembrei de você falando que alguns dias sentia vontade de fugir, que não aguentava mais ouvir choro nem "mamãe" o dia inteiro, que parecia sufocada, sozinha e sobrecarregada. Sobrecarregada, é isso! É isso que sinto!

Não é só a falta de horas no dia para concluir todas as tarefas, mas uma sobrecarga mental absurda que me faz sentir incapaz de resolver todos os problemas e desafios do dia a dia. Chega um momento em que não quero responder onde tem outro pano de prato, cadê o carrinho verde, se acabou a mostarda, e muito menos pensar no cardápio do fim de semana.

Eu sei que o "vai passar" é cruel, ainda mais quando estamos ali bem no olho do furacão, quando nos sentimos verdadeiramente vítimas de um desastre natural diariamente. Pelo menos é o que nossas casas retratam e nossos corpos doloridos sentem ao final do dia.

'Vai passar!' O tempo é o nosso maior aliado, mas sei que parece o inimigo quando nos proporciona dias eternos como o de hoje, e anos com asas, que voam com nossos bebês nos braços e roubam segundos preciosos com nossos filhos. Esse é o segredo, lembrar que o dia acaba, que uma fase passa, que o bebê cresce, que nada é eterno, e exatamente por saber que vai passar é que precisamos focar no que importa.

Importa de verdade, sabe?! Eu sei que você, como eu, tem uma baita dificuldade de desconstruir essa ideia louca que colocaram na nossa cabeça de que precisamos dar conta de tudo. Se nem nos lembrar de tudo conseguimos, que dirá cuidar de tudo!

Eu já entendi, e agora tento colocar em prática, lembrar do que é realmente prioridade. O mais assustador que descobri nessa caminhada é que a prioridade sou eu e que não tem nada de egoísta nisso.

Desconstruir essa concepção tão sedimentada de que é possível equilibrar todos os pratos sem deixar nenhum cair já é um desafio, que dirá entender que o pratinho mais importante é você! Logo nós, que tivemos como antecessoras nossas mães e avós superpoderosas, que davam conta de tudo — ou pelo menos era o que acreditávamos, né?

Para mim tem sido uma caminhada cheia de curvas. Algumas bem sinuosas, que derrubam todos os meus pratos e jogam o equilíbrio pelos ares, como hoje. Algumas mais gentis, assim como tenho tentado ser comigo.

Acordar todos os dias me lembrando de que as minhas necessidades são importantes para mim e para aqueles que estão à minha volta é um exercício contínuo, e para alcançá-lo tenho pedido ajuda com mais frequência e de forma mais clara, explícita, na verdade, e não velada, cheia de "se você puder" e "do jeito que der". Porque "do jeito que der" nem sempre é o que eu preciso, e o 'quando podia' muitas vezes não adianta mais. A diferença foi enorme; ser compreendida nem sempre é fácil, mas o fruto é delicioso e vale a pena o esforço. Comunicação realmente é a chave do negócio.

Tento me lembrar também do exemplo formidável que é para os meus filhos uma pessoa imperfeita que acorda todos os dias tentando, cuida de si, aceita o que não pode mudar, batalha para melhorar e simplificar aquilo que pode, e quando erra, levanta, sacode a poeira e continua tentando.

Porque eu continuo errando, e vou continuar, eu sei disso. Em vários dias me entrego à sobrecarga e me perco, jogo para o alto a paciência a troco de uma pia limpa e uma casa semivarrida. Em vários dias esqueço e deixo a ansiedade levar o melhor de mim quando vem a sensação de que preciso ter uma casa perfeita, alimentação perfeita, brincadeiras perfeitas, uma família perfeita.

Esqueço-me da matemática básica e da imutabilidade das 24 horas do dia, tentando fazer uma equação impossível de bater. Dar conta da comida saudável, orgânica e com todas as cores do arco-íris no prato, somado à atividade montessoriana que estimula a motricidade fina, mais o apego seguro, usando métodos de educação lúdicos que estimulam a autonomia, respeito, empatia e "*patati patatá*", não batem com a casa limpa impecável, com a leitura de toda essa informação, com a manutenção do relacionamento com o marido e amigos, e muito menos com a sua saúde física e mental.

Para mudar, basta a gente começar, e é nisso que estou focando. Respiro fundo quando isso acontece e me lembro de focar no essencial.

O tempo da casa arrumada, pia limpa, roupas dobradas no armário, unhas feitas, exercícios em dia, projetos em andamento, há de chegar... talvez não hoje ou amanhã, mas com certeza mais rápido do que imaginamos, e eu sei que lá na frente o que sentiremos é saudade da bagunça, do caos, do barulho, de tudo. Então vamos aproveitar enquanto está aqui para desfrutarmos.

Que respiro delicioso esse que me permiti dar! Te escrever já me deixou mais leve, me faz tão bem... Obrigada por caminhar comigo, amiga. Amanhã será melhor, e se não for, tudo bem, respiramos fundo e nos lembramos de que "vai passar".

Um grande abraço da sua amiga que te quer muito bem, e lembre-se, estou aqui sempre que precisar!

Stephanie

De: Priscilla Fontes

Para: ***Uma mãe que há muito tempo não sabe o que é uma noite de sono decente***

Querida amiga,

Eu sei que, mesmo antes de se tornar mãe, você já sabia que bebês acordam à noite. Afinal, todo mundo sabe disso. Mas talvez você esteja enfrentando uma situação que ninguém te contou, ou para a qual, mesmo que alguém tenha tentado te alertar, não havia como estar preparada. Aqui entre nós, não há como se preparar para a exaustão extrema causada por um bebê que continua despertando inúmeras vezes na madrugada depois de tantos meses.

Talvez você já tenha feito cursos, lido livros e entendido tudo sobre ciclos e associações de sono. Ou talvez você esteja apenas tentando com todas as suas forças escutar o seu coração e fazer o que ele manda. Mas, no desespero de poder voltar a ter uma noite de sono que de fato mereça esse nome, talvez você já tenha até tentado coisas que vão contra o que acredita. E mesmo assim seu bebê segue acordando poucas horas ou minutos depois de voltar a dormir.

Talvez a exaustão já a tenha feito se desconectar algumas vezes do que o seu bebê precisa. Saiba que está tudo bem, você também não está tendo o que precisa neste momento. Descansar é mais do que simplesmente importante quando se é responsável por cuidar de outro ser humano: descansar é essencial.

Sim, eu sei, houve noites tão caóticas que mal pareciam realidade. Talvez você esteja se perguntando se algum dia você voltará a ter uma noite de sono minimamente decente. Acredite, você vai. Porém, eu entendo a sua dúvida e conheço a sua angústia, porque vivi a sua dor. Eu sei o quão enlouquecedoras podem ser as noites de privação de sono.

Sim, o desgaste não é apenas físico, é mental também. Na escuridão das madrugadas, aquele choro que a faz levantar mais uma vez também desperta as suas sombras. E essa é a pior parte. Se fosse apenas o cansaço, seria mais fácil. Mas não é. Você pensa coisas impensáveis e sente coisas que jamais imaginou sentir como mãe.

No breu da noite, embalada pelo som angustiante daquele choro, você se sente frustrada, irritada, decepcionada, amargurada, e até com raiva. E depois de sentir tudo isso, como se já não fosse o bastante, você sente culpa. Afinal, é apenas um bebê. A mais inocente e pura de todas as criaturas. E mais do que isso, é o seu bebê. O ser que você mais ama neste mundo. E você pensa: "Como posso ser capaz de sentir essas coisas?" É assim que a culpa vem, te assola e, junto com o cansaço, ameaça te destruir.

Mas isso não acontece, porque ela não é maior ou mais forte que você. Além disso, você nem pode se dar ao luxo de se deixar destruir, afinal tem um bebê que vai precisar de você no dia seguinte. E na próxima noite também.

Saber disso já começa a te angustiar no momento em que o sol começa a se pôr. E você vai sendo invadida pelo medo do que vem pela frente. Você não sabe exatamente quantas vezes ele vai despertar, ou quanto tempo ele vai levar para voltar a dormir em cada uma dessas vezes. Mas você tem certeza de que a noite será difícil mais uma vez.

É possível que a essa altura você já tenha consciência da verdade inegável de que o bebê sente tudo o que a mãe sente. Se esse for o caso, imagino que você não saiba como quebrar esse ciclo, e que isso adicione uma dose a mais de culpa no seu prato já cheio.

Quando se atingem níveis inimagináveis de cansaço, fica muito difícil conseguir sustentar e suportar a angústia do nosso bebê. O choro dele, então, se mistura com o nosso. A gente desata, porque o peito não é mais capaz de segurar o tamanho do nó que nele se instalou. O sentimento de solidão é esmagador. Nos sentimos sozinhas e desamparadas na escuridão do quarto.

E a sequência de dormidas e despertares segue até que ele acorda mais uma vez e você mal consegue acreditar que o sol raiou. O dia começou e você já está exausta. Mas o sol tem o poder de despertar também a sua luz. O sorriso do seu bebê tão lindo e fácil na claridade é o combustível que você precisa para seguir. Então você dá o melhor de si mais uma vez.

Mas eu preciso que você saiba que, se estiver muito difícil durante o dia também, se você não estiver satisfeita com o seu melhor nos momentos em que as coisas estão mais fáceis, você pode e deve pedir ajuda. Reveze as madrugadas com o seu parceiro ou parceira. Peça socorro para seus pais, sogros, irmãos, cunhados, ou quem quer que possa ajudar. Contrate alguém para assumir algumas noites. Procure uma profissional que seja alinhada com o que você acredita, que possa analisar com cuidado, respeito e carinho o caso específico de vocês, e que possa segurar sua mão nessa jornada. Pense no que se encaixa para você, mas peça ajuda.

Até um ano de idade, o meu filho chegava a despertar até dez vezes em uma única noite. Em algumas dessas vezes ele demorava mais de uma hora para voltar a dormir. E em todas ele seguia chorando, mesmo no colo. Eu conheço o desespero. Eu sei o quanto uma sequência interminável de noites mal dormidas pode afetar o nosso humor e o nosso psicológico. Então estenda a mão. Você não precisa, e não deve, passar por isso sozinha.

E saiba: vai passar! Sim, eu sei que você não quer saber que vai. Nesse momento, a única coisa que te interessa é o *quando*. Mas eu te garanto, essa hora vai chegar, e você vai conseguir se lembrar dessas noites sem se afetar. A única coisa que vai restar é uma lembrança turva dessa fase, que parece uma eternidade quando a estamos vivendo. Mas a realidade é que, quando ela passa e colocamos as coisas em perspectiva, percebemos que essa fase dura uma fração muito pequena da vida. E o que você aprendeu com ela te faz ser uma mãe melhor em todas as outras fases que estão por vir. Pode confiar em mim.

Um abraço apertado e cheio de força,

Pri

De: Flávia Vilhena

Para: ***Uma mãe que perdeu o controle e insiste em tentar recuperá-lo***

Ei, você!

Você mesmo, a que se acha a *dona do rolê,* que tem planos para as próximas horas, para os próximos meses, para a aposentadoria e para o que você vai fazer quando ganhar na loteria.

Você, que controla a fome, as calorias, a conta bancária e a quantidade de rolos de papel higiênico que ainda tem no banheiro.

Você, que aos 8 anos escolheu o que ia ser quando crescer, traçou uma estratégia de carreira exemplar e chegou 5 minutos antecipada ao exato lugar em que você planejou.

Você, que anotou a menstruação no aplicativo do celular, que marcou data e hora para namorar, que amou o bebê antes mesmo de ele ser concebido.

Você, que escolheu os nomes na adolescência, que desenhou um rostinho perfeito e rechonchudo dentro da sua cabeça e chegou a sonhar com ele antes mesmo que existisse.

Você, que deu um *check* em cada item daquela lista de enxoval construída após horas de pesquisa na internet, que imaginou o parto com riqueza de detalhes, que preparou as lembrancinhas da maternidade com capricho, que arquitetou o quarto, o armário e a vida do seu filho.

Então. Deixa eu te contar...

Seu filho, esse mesmo, o planejado com tanto carinho, o sonhado com tanto amor, vai acabar de vez com qualquer ilusão que você ainda tenha sobre estar no controle.

Seu filho, com apenas 50 centímetros e poucos segundos de vida, te apresentará sem anestesia a realidade de que definitivamente não tem dono esse rolê.

Quando nasce um filho, nasce uma mãe. E quando nasce uma mãe, ela aterrissa de cabeça na dura realidade de que não, não temos controle sobre nada em nossas vidas. E, principalmente, não temos nenhum controle sobre os nossos filhos.

A maternidade não foi de cara algo difícil para mim. Nos primeiros dias tive a sorte de sofrer de encantamento total. É claro que tinha medo, esgotamento, solidão e todos os outros sentimentos normais que inundam a recém-mãe. Você sabe como é. Mas o que prevalecia mesmo era a embriaguez. Eu estava embriagada de amor. Em completo estado de poesia, plenitude e satisfação. Foi aos poucos que algumas dificuldades começaram a aparecer.

Por volta dos dois meses, a amamentação, que nunca deu verdadeiramente certo, acendeu a luzinha vermelha da realidade: "Desce daí, menina! Bota o pé no chão. A vida é bem mais dura do que esse pequeno momento de êxtase deixa transparecer."

Dois meses e meio após o parto, o mundo caiu sobre a minha cabeça por 60 segundos. Por 60 segundos meu filho deixou de respirar. Manobras, massagens, reanimação, UTI... E eu nunca mais fui a mesma. Eu aprendi, na marra, aquela que é para mim a maior de todas as dores da maternidade: a total falta de controle.

Mas sabe como é, né?! Crescemos sendo erroneamente ensinados de que temos total domínio sobre as nossas vidas. A gente pensa que decide, planeja e organiza tudo, desde o horário em que acordamos até qual será o nosso destino quando terminar a escola, a faculdade, o mestrado, o doutorado, a vida (sim, eu tenho um plano funerário. Você não?). Doce ilusão.

A grande verdade é que não temos controle de nada. Cada segundo tem o potencial de transformar uma vida inteira, de virar o mundo de cabeça para baixo.

Mas, fato é que poucas vezes isso acontece. Temos notícias de um primo da vizinha que sofreu um grave acidente, de um avião que caiu no mar do outro lado do mundo, ou de uma bomba que explodiu lá no Irã. Frações de segundo que viram muitas vidas do avesso. Mas, regra geral, a vida segue mansa, tranquila, alimentando a farsa de que estamos no comando de nossos destinos.

Até nos tornarmos mães.

Quando a gente se torna mãe, em uma ou outra escala, somos obrigadas a dar tchau para essa fantasia. E isso é feito na marra, sem dó nem piedade.

A falta de controle se manifesta para todos os lados, eu sei.

Primeiro, entendemos que não temos poder sobre a saúde e sobre a própria vida dos nossos filhos, o que é uma das sensações mais amedrontadoras de que se tem notícia na face da terra. A gente pode parir naturalmente, pode amamentar até 7 anos, pode dar brócolis e evitar açúcar, pode até deixar o menino trancado numa redoma de vidro. Nada disso será garantia de que ele crescerá forte como o Super-Homem. Em suma, somos confrontadas diariamente com a força da natureza, que mostra que quem está no comando é justamente ela. É o parto que não sai como o planejado, a amamentação que não engrena, a cólica que nem a Funchicórea resolve, o bebê que insiste em não dormir a noite inteira. Questões para as quais a internet vende inúmeras e inúmeras fórmulas milagrosas, mas que, acredite, não dependem de você.

Foi assim que a falta de controle se apresentou para mim, de forma nua e crua, me mostrando que era a partir dali que eu saberia o que é emoção de verdade. Depois do episódio da inexplicável parada cardiorrespiratória, ainda vieram otites sem fim, duas cirurgias e um acidente banal em um escorregador que rendeu nada mais nada menos que um traumatismo craniano. Tudo isso antes dos três anos de idade. Bem diferente de tudo com que eu havia sonhado, como você deve imaginar.

Mas não parou por aí. A falta de controle veio também no formato daquele probleminha que não depende nem da sorte, nem do azar. Aquele problema universal que atinge a mim, a você e a 100% das mães, sem piedade. A falta de controle sobre nós mesmas! A total falta de controle que um bebê traz para a nossa vida prática, para a nossa rotina e para a nossa agenda.

Ter um bebê em casa é acordar uma hora antes da família para conseguir dar conta de tudo e ser surpreendida cinco minutos depois com um doce "mamãe". E lá se vai a manhã produtiva. É comprar passagens, reservar hotel sem possibilidade de cancelamento, fazer as malas para aquele feriado prolongado e ver o termômetro marcar 39,5° na véspera de partir. E lá se vai a tão sonhada e planejada viagem. Ter um bebê em casa é trocar o domingo no parque pela fila do pronto-socorro. É tirar a fantasia antes de chegar na festa, porque o cocô vazou. É perder o aniversário da prima, porque a soneca durou mais que o previsto. É ter que ir embora do almoço, porque a criança está irritada. É perder a reunião importante, porque ligaram da escola. É sair para passear na praça e terminar no hospital. É ir para o hospital dar uma olhadinha e voltar para casa três dias depois. É deixar de trabalhar, porque a babá faltou. É planejar um monte de tarefas e não fazer nem a metade. É ter uma agenda linda e organizada que não costuma servir para nada. Em resumo: ter um bebê é não ter controle. Sobre o próximo mês, sobre o dia seguinte, ou sobre o que vai acontecer daqui a cinco minutos.

Porque bebês são assim: imprevisíveis. E sendo totalmente dependentes de nós, tomam conta, de sobressalto, da nossa agenda e da utopia de que éramos nós quem a controlava. Ter um bebê significa saber que a nossa liberdade está limitada às necessidades urgentes daquele serzinho de pouco mais de meio metro. Significa assumir que não está mais no comando das coisas mais simples da vida, que dirá das mais complexas. Ter um bebê é sinônimo de resiliência, aceitação e malabarismo.

E aí, como se não bastasse, vem a pá de cal, o golpe de misericórdia, o tapa na cara, a mais cruel das verdades: a total falta de controle que temos sobre ações, sonhos, escolhas, jeito, personalidade e sentimentos dos nossos filhos.

Você pode mandar para a escola Waldorf, colocar no judô, na robótica e na aula de mandarim. Pode gastar uma fortuna com um intercâmbio. Pode mostrar para ele o quanto você valoriza a estabilidade de um concurso público e até contar que o sonho da sua vida era fazer medicina. E mesmo assim ele poderá ser o exato oposto do que você sonhou enquanto, à meia-luz e de olhos fechados, acariciava a barriga na poltrona de balanço da amamentação.

É isso. Nossos filhos são pessoas únicas, autônomas e diferentes de nós, apesar de um dia já ter havido um cordão que nos ligava de forma tão visceral. Mas para e pensa. Isso é maravilhoso!!! Incrível!!! Eu diria, aliás, que é o que a vida tem de melhor. Preparar um filho para voar com suas próprias asas! Deixar as portas sempre abertas para ir e para voltar. Acredito que seja esse o maior ato de amor que se pode ter por um filho: deixá-lo livre para ser quem ele é.

Então, você, que está aí descobrindo que o rolê saiu do seu controle. Você, que perdeu a direção no exato momento em que a segunda listra deu as caras naquele exame de farmácia. Eu queria te abraçar e te contar que é assim mesmo. Que é assim com todo mundo. E que não dá pra ser diferente. Mas eu também preciso te contar que aceitar a vida com mais fluidez, leveza e abertura às manobras inesperadas e aos *loopings* de 360º que ela inevitavelmente dará pode ser o maior e mais valioso ensinamento que um filho pode trazer. Então, abraça o imprevisível e vem. Quando abrimos espaço para o inusitado, ele chega. E pode ser surpreendentemente melhor do que tudo o que havíamos planejado.

Não precisa deixar a vida te levar (e nem é para, hein!). Dá para fazer as melhores escolhas e seguir de mãos dadas com o acaso, assumindo a direção daquilo que é possível, mas também aceitando uma curva fechada sem sinalização. Dá para levantar dos capotamentos e aprender diariamente a amar, independentemente de qualquer expectativa. Amor incondicional que chama, não é mesmo?

Um abraço de urso de quem já compreendeu que o controle é uma mera ilusão. Espero que esta carta te ajude a aceitar isso também.

Com carinho,

Flávia

De: Marcela Roos

Para: ***Uma mãe perfeitamente imperfeita***

Querida amiga que tem expectativas elevadas,

Quanto tempo se passou desde a última vez que nos falamos! Mesmo com as redes sociais disponíveis, a tecnologia a todo vapor e ao nosso dispor, parece que a maternidade nos engole de tal maneira que retornamos ao sinal de fumaça. Neste momento não menos importante, e talvez muito mais acolhedor e pessoal, te escrevo esta carta, afinal, por aqui posso te dar toda a atenção e me fazer presente. Em tempo, amei receber a sua.

Amiga, você precisa, sim, ficar sozinha por um tempo, cuidar do barulho, das coisinhas dentro de você. Organizar a bagunça que a maternidade faz é necessário. Vou utilizar as máximas, que não deixam de ser verdadeiras, mas nos aprisionam: "é temporário", "tudo passa". Depois do caos, um novo horizonte é estampado na sua frente.

Você é mãe de primeira viagem e ainda tem uma característica muito particular: é perfeccionista. Além disso, está se acostumando com todas as novidades, os desafios, as alegrias e as privações, e isso merece atenção. Afinal, para uma pessoa perfeccionista, quando as coisas saem do planejado entra em cena o improviso, dói, e é sofrimento e frustração na certa.

Te convido, minha querida amiga, sente-se. Acalme-se, respire. E se precisar, tome mais um fôlego. Nosso corpo é a ferramenta mais poderosa que temos para nos alertar de tudo. Perceba isso que você tem de mais precioso: a chegada do seu filho. Neste momento você pode enxergar o mundo através dos olhos dele. O teu pequeno faz você estar presente, viver o agora e querer ser a melhor versão de si mesma.

Posso te afirmar que as coisas irão se acalmando, serenando, talvez clareando. Sim, você sabe, aconteceu comigo também, após o fantástico mundo das gestantes, aquele em que devoramos os conteúdos dos mais diversos temas, que conectados não fazem o menor sentido, e ficamos míopes, tudo te direcionando a olhar os bens materiais — quartinho do bebê, utensílios (des)necessários para a sua chegada — listas, planilhas, sites, blogs, *influencers* que atuam basicamente nessa área, focadas no capitalismo. E se todos estão indo para lá, mesmo você, muitas vezes incomodada, segue o barco. É, amiga, mergulhamos nesse momento tão mágico, tão poderoso, tão incrível, porém de maneira equivocada. Enxergar o que pulsa é sempre o melhor caminho; não o mais fácil, mas com toda a certeza o mais significativo.

Eis que você se deu conta de que estava no carro, saindo da maternidade, com um bebê que dependia de você para sobreviver, e você não tinha a menor ideia do que fazer com ele, como cuidaria, quais seriam os próximos passos reais, e não os que estavam em suas planilhas. Pois é, o perfeccionismo, que nada mais é do que uma ilusão de controle, causa angústia, pressão e muita ansiedade. Eu te acolho! Aquela gravidez mágica, encantadora, perfeita, desmoronou, e então surgiram as lágrimas, as incertezas, o imprevisto, o improviso e muita insegurança. Afinal o que está em jogo é "acertar", e não cumprir o cronograma. E quem te dita o que é certo ou errado? Nossas crenças limitantes.

Eu sei, minha amiga, você tentou se apoiar no que tinha de mais seguro naquele momento: suas crenças, entre elas, "se quer bem feito, faça você mesma." E na hora de escolher as suas batalhas, tomar decisões conscientes nesse momento nebuloso, com a visão embaçada, na ponta de tudo, está aquele serzinho que depende 100% de alguém para sobreviver. Aparentemente frágil, a sua rede de apoio antiquada e pouco empática que te deixa bastante confusa. Barbaridade, que roubada! Está aí, tudo vai sendo moldado para que você sinta toda essa carga em seus ombros. É teu, minha amiga, "quem pariu Mateus que o embale". O que já era complicado se tornou uma obsessão.

Diante de todos os sinais, você se esconde, vai se anulando, tudo pensando no bem-estar daquele que morou em seu hotel 6 estrelas, que foi conquistando um lugar mais do que especial em sua vida. Aquela luz divina brilha em luzes estilo Times Square: "Caraca! Faz todo o sentido, vou me dedicar a isso. Ninguém faz nada melhor do que eu." É, minha amiga, facilitou a vida de todo mundo, seu bebê ficou superfeliz, virou mãe referência, modelo para a família e amigos; mas e você?

Querida, eu quero te dizer, você é *"fodástica"!* Estudou tudo sobre a criação, revirou o passado em busca de aceitar e honrar os seus ancestrais, percebeu que seguir o seu coração, empoderar-se do seu jeito de maternar era necessário e imprescindível. Mas e aí? Afastou tudo e todos, incorporou a Mulher-Maravilha, criou ainda mais manuais, planilhas, regras gerais, fez matrimônio com várias linhas — criação com apego, disciplina positiva, alimentação saudável, BLW, zero telas — então se deu conta de que o controle e o perfeccionismo não existem, e que este é uma doença, abafa a leveza e nos afasta do nosso estado natural de paz e tranquilidade. Respira, porque tudo tem seu tempo. Pausas são importantes. E o teu caminho é lindo e incrível.

A maternidade é bombástica, é um divisor de águas; costumo chamar de portal. Aproveite a potência que é a chegada de um filho. Eles podem ser nosso portal de cura. Eu sei que você idealizou a mãe que gostaria de ser. Não chegou nem perto dela, não é? Aquela que dá conta de tudo, que segue a rotina de forma admirável, que não perde a paciência, se esquece de suas crenças limitantes e aplica divinamente todos os conceitos que fazem sentido na sua criação. Te digo, a vida é colorível, e aproveite isso da melhor maneira possível. Entenda, a vida está no inédito, no imprevisível, e o prazer está em ser perfeitamente imperfeita. Seus filhos precisam ver e presenciar uma pessoa vivendo, sobrevivendo, inteira e entregue.

Atualmente, eu penso em que tipo de memórias gostaria que os meus filhos tivessem, pois são eles que estão aqui comigo, em tempo integral. Quais são as suas? Eu quero memórias de cheiros gostosos, dias em família, risadas, choros, beleza na caminhada, meus improvisos, arte na resolução do que surge, o jogo de cintura da mamãe, força nas batalhas, o cotidiano, e que toda "pedra no caminho" seja transformada no pequeno: pequenos desafios, pequenos perrengues, pequenos percalços.

Tudo isso faz parte do seu processo de amadurecimento, crescimento e cura. Afinal, o perfeccionismo nos aprisiona, nos torna reféns do intangível, indo em desencontro do que é possível. Você quer beleza maior do que estar aberta para a sua nova versão? Estar em processo de reabilitação do perfeccionismo? Tornar-se perfeitamente imperfeita? Você é a melhor mãe que o seu filho pode ter. Ele te escolheu. Você está fazendo um ótimo trabalho. Continue firme. Cuide-se. Não leve a vida tão a sério! Rigidez e intransigência vão na contramão da leveza, que é de que a maternidade, a nossa vida como um todo, mais precisam. Lembre-se de que os seus sentimentos são tão importantes quanto os de quem está à sua volta. E quer coisa mais linda do que você ser guia de vida para os seus?

Ficou curiosa com o termo "perfeitamente imperfeita"? Nada mais é do que buscar menos rigidez e mais leveza. Menos planilhas e mais improviso. Menos expectativas e mais imprevistos. Menos rótulos e mais aceitação. Menos tudo, porém melhor. Afinal, nunca estaremos no controle, a vida acontece. É assim e ponto. Aprecie sem julgamento. Não se esqueça nunca de que não existe figura mais importante que a mãe, do que você. Vamos brindar ao universo?

Ah! E sabe o que pode te ajudar muito? Aceite os seus aliados, mesmo que não estejam no mesmo processo de conhecimento que você. Afinal nada é por acaso, eles também têm muito a aprender e a ensinar, assim como é. Tire essa arrogância e se dispa. Você está nutrindo-se de informação, mas não é a dona da verdade. Ambientes menos preparados fazem parte da sua jornada e de seus filhotes. Querer controlar tudo e todos o tempo todo é desrespeitoso. Tudo o que seus filhos viverem nas vidas deles é direito deles.

Você é capaz. Você consegue ser guia e acompanhar o que surge, mas não interfira. Você está aqui e agora, tem milhões de chances e oportunidades de experienciar as novidades e reparar as coisas; simplesmente se entregue e viva. Curta a sua jornada materna e de vida com leveza, e, como os que estão em reabilitação: "Acima de tudo, faça-o um dia de cada vez."

Com muito amor e carinho,

Marcela

De: Malu Pedrosa

Para: ***Uma mãe sem tempo***

Querida amiga que sente que o tempo escorre pelas mãos, eu estou aqui. Eu te vejo, eu te ouço, eu te entendo. Cada volta que o relógio dá é o tempo passando, e a gente não fez nem isso e nem aquilo. A casa está uma bagunça, a louça toda acumulada (talvez você tenha que almoçar no prato de sobremesa hoje), as roupas sujas se proliferam na lavanderia, as crianças não terão cinco cores no prato e o dia está apenas começando. Isso sem mencionar aquele relatório de ontem do trabalho, que ficou para ser finalizado hoje até o meio-dia. E a professora do seu filho te chamou para uma reunião (e a espinha já fica gelada só de pensar que é por causa das atividades atrasadas e incompletas). É, amiga, eu te entendo. Ninguém nos contou isso nos contos de fadas.

Sabe o que mais não está nos contos de fadas? Que nós somos apenas uma. Temos dois braços. Duas mãos. Um coração cheio de emoções e um cérebro cheio de razões. Ninguém nos treinou para ser equilibrista e ficar sustentando pratinhos no ar com pé, mão, nariz e boca. Porque é assim que me sinto muitas vezes: equilibrando os pratos no ar até o fim do dia, para nenhum se quebrar. Mas no fim, muitas vezes sou eu que me quebro. Você também se sente assim?

De tanto me quebrar e tentar dar conta de tudo... adivinha? Eu me esgotei. Virei um robô. Tive crises de ansiedade. Início de depressão. Insônia. Sentia vontade de sumir. E sentia muita culpa ao mesmo tempo. A casa estava arrumada, a louça lavada e os filhos bem cuidados. E eu, acabada e culpada.

Até que descobri um remédio milagroso. Venho aqui dividir a receita dele com você: o remédio se chama *Ene-a-ó-til:* NÃO! Isso mesmo. Não. Eu não dou conta. Eu não preciso dar conta de tudo. Eu não vou atender a uma expectativa imaginária de vida perfeita criada por uma sociedade que não vive a minha vida e que não paga as minhas contas. Confesso que eu ainda estou em processo de assumir que eu não dou conta, afinal são muitos anos de opressão que nós, mulheres, vivemos sob o nome de "guerreira e heroína". Como dizem, o golpe está aí, cai quem quer.

Acredito que assumir a não perfeição e o não-dar-conta seja um primeiro passo. Humanizar-se. Acolher-se e aceitar-se. Escolher as batalhas que valem a pena lutar e deixar para lá aquelas que podem esperar. Não deu pra arrumar a cama? Paciência. Faz depois. Não lavou a roupa? Respire e peça ajuda. Somos parte de uma engrenagem e não um todo sozinha.

Hoje eu gostaria de poder dar as mãos e fazer uma corrente com todas as mulheres que não dão conta. Mostrar que nós existimos, nos apoiamos e nos reconhecemos. Isso não nos faz melhores nem piores. Isso nos faz humanas. Entender essa condição é entender que somos imperfeitas. Sim, sou imperfeita. Sim, eu não sou uma guerreira heroína, e nem quero ser. Dá trabalho demais. Eu só quero ser a mãe possível. Quero pegar essa capa de heroína, amarrar na cabeça e sair dançando pela casa enquanto tiro um brinquedo do chão com os pés. Quero ser leve e viver o tempo com toda a sua beleza. Sorver o momento que eu sei que não vai voltar. Quero me libertar dessas amarras de prazo invisível que a gente inventa na nossa cabeça para dar conta de tudo. Você também não dá conta de tudo? É normal. Não damos e nem temos que dar. Quero tomar um vinho, ouvir uma música, rodopiar na sala, sentir o sol no rosto, brincar com meus filhos e me conectar. A casa bagunçada pode esperar. Há tempo.

Com afeto,

Malu

De: Flávia Vilhena

Para: ***Você, que não vê a hora de tudo isso passar***

Querida amiga mãe,

Você anda cansada, não é mesmo? Eu entendo a sua dor. Eu também carrego esse fardo das noites mal dormidas, da lista interminável de tarefas e do tempo que insiste em minguar. Inclusive é sobre ele, o tempo, que eu quero falar.

É que, embora eu sonhe com frequência com uma noite inteira de sono, não me sinto nem de longe preparada para me despedir do meu bebê. É uma dicotomia difícil de lidar. Poucos querem nos ouvir. Há quem diga que não tem do que reclamar.

Ser mãe é assim mesmo, diriam: padecer no paraíso! Pura ambiguidade. E no auge da minha exaustão, tudo o que ouço é "tenha paciência, vai passar".

Afinal, nasce uma mãe, nasce um mantra:

Vai passar!

Eu não sei você, mas por aqui, em meio a esse delicioso caos que é ser mãe, me lembro de como sempre odiei essa frase, desde os primórdios do primeiro puerpério, há alguns anos.

Ora, óbvio que vai passar! Tudo na vida passa! Vida é impermanência. Entender isso, aliás, foi uma das coisas mais valiosas que eu aprendi na minha trajetória. Não foi na escola, nem na faculdade, nem nas lições de educação que tive dentro de casa. Precisei ir ao outro lado do mundo, lá em Ayutthaya, antiga capital da Tailândia, para ouvir de um guia baixinho, de olhos puxados, duas frases absolutamente transformadoras: "Na vida tudo vem e vai. Vem e vai."

Quanta sabedoria em tão poucas e simples palavras, não é mesmo? Mas aqui no Ocidente ninguém quer saber disso. Ninguém quer falar sobre isso.

Menos quando nasce um bebê.

Quando nasce um bebê, o mantra budista é repetido insistentemente a cada queixa de uma mãe exausta: vai passar, vai passar, vai passar!!!

E passa!

O que todo mundo parece esquecer, minha amiga, é que junto com as coisas ruins, com todos os perrengues e com essa exaustão que tanto nos assola, passam também todas as coisas boas. Passam aqueles pequenos espasmos musculares que se transformam em sorriso enquanto bebês dormem. Passam aqueles olhinhos curiosos que pouco enxergam tentando descobrir tudo ao seu redor. Passam aquelas mãozinhas buscando segurança no aperto de um dedão. Passam os sorrisos banguelas. Passam as gargalhadas sinceras. Passa o aconchego de poder segurar um mundo inteiro no colo. Passam as inúmeras e encantadoras primeiras vezes. Passam os passinhos cambaleantes. Passa a voz fina e embolada que descobre as palavras de forma adorável. Passam os beijos molhados, o olhar apaixonado, o caminhar estabanado e os braços enrolados em volta do pescoço. Os mais doces "eu te amo" já pronunciados? Também passam. E levam junto os pedidos de beijos para sarar machucados. Passam os pedidos para dormir agarradinhos de madrugada. Passa o quarto que no futuro não estará mais ocupado.

Tudo passa, minha amiga. Vida é rio. Não sobra nada.

Já pensou que em breve não teremos mais nossos bebês no colo? Que em breve eles já não caberão em nossos braços?

Todas as vezes que me lembro de que em muito pouco tempo nunca mais terei um bebê banguela sorrindo para mim cada vez que abro a porta de casa, meu coração para. E tudo o que eu mais queria na vida, nesses momentos, era poder congelar o tempo.

Mas aí eu me lembro da droga do mantra: vai passar! E muito mais rápido do que eu gostaria. E contra isso não há nada que possa ser feito.

Por isso, amiga, te convido a pensar de um jeito sutilmente diferente:

É fase!

Embora possam parecer a mesma coisa, são, em verdade, expressões totalmente diversas. A primeira foca no futuro. A segunda, no presente. E que presente é essa fase! Cansativa, sim. Porém proporcionalmente maravilhosa. Incrível. Indescritível.

Aliás, falando em presente, outro dia ouvi do Murilo Gun, um especialista em criatividade que ensina pais e mães sobre como criar crianças criativas, uma frase que reverberou por dias na minha consciência: "O amor habita na presença." Quanta potência em tão poucas palavras, não é mesmo?

Se pensarmos bem, as crianças são como o amor. Elas só conhecem a presença. E eu não poderia concordar mais, ouvindo meus filhos me chamando pela nonagésima oitava vez enquanto escrevo para você. Crianças só conhecem o presente.

No dicionário parece bem simples: presença é estar em algum lugar. Quem inventou a palavra, pobre inocente, não sabia o que estava por vir na era da internet. Vivemos ansiando pelo futuro, certos de que esse é sempre o melhor lugar para estar. E com isso perdemos a chance de apreciar as sutilezas do dia a dia. Ricas miudezas. Principalmente quando se tem ao lado crianças, esses seres que enxergam o tempo de outra maneira e que tanto nos ensinam com a sua inocência.

A verdade é que na maior parte do tempo estamos em qualquer lugar, menos onde nosso corpo está. Estamos na rede social, na vida da blogueira de sucesso, na praia paradisíaca do canal de viagem, naquele currículo irretocável do LinkedIn, ou em um futuro que projetamos como muito melhor do que qualquer coisa que possamos estar vivendo.

E esse jeito de viver ausente, minha amiga, não se explica para quem só conhece a presença, o estar por completo. Para quem não entende o ontem, nem o amanhã. Para quem só existe o aqui e o agora.

Por isso optei por mergulhar nessa fase de cabeça, com todas as suas dores e delícias. Às vezes me queixando de sua intensidade, é fato. Mas, na maioria do tempo, pedindo para que ela possa passar bem devagarinho. Com muita presença. E, claro, muito amor!

Você vem comigo?

Flávia

Para quando eles crescerem

De: Giulianna Perrota

Para: ***Uma mãe com filhos adolescentes***

Olá, minha querida companheira dessa avalanche chamada maternidade.

Sei que ao longo do processo fala-se muito em amamentação, cólicas e saltos de desenvolvimento, mas hoje as linhas que escrevo são para lhe falar sobre uma etapa do desenvolvimento deles, tão importante quanto as iniciais, e que, como tudo no universo da criação de filhos, pode ser surpreendente: a adolescência. Mais especificamente, sobre a nossa conexão com eles nessa fase.

Se um dia desses, corriqueiro, do seu cotidiano, você olhou para os seus filhos e se perguntou "por onde eu estava que não percebi como esses meninos cresceram?", ou "por quanto tempo eu me distraí que não me dei conta de que agora as pernas deles já são mais compridas que as minhas?", pode começar a se liberar da culpa. Você não foi a única, e muitas mães ainda virão depois de nós.

Uma das coisas que nós, mães, mais desejamos é ter a oportunidade de ver os nossos filhos crescerem. Estar presentes durante o seu desenvolvimento, poder acompanhar a caminhada, as conquistas e cada degrau alcançado, até que eles possam alçar os próprios voos.

Mas para isso, mesmo com todo o amor que dedicamos a eles na infância, com toda a paciência, respeito, ensinamentos e limites, além de uma boa educação, escolas e todas as fases que superamos, eles precisarão de algo muito importante quando chegarem à adolescência: eles precisarão se conectar com você. E é justamente aí, no momento em que eles mais precisam dessa conexão, que costumamos nos afastar.

É involuntário, às vezes inconsciente. Quando as pernas esticam, a voz engrossa, os pelos são evidentes e a altura já ultrapassa a nossa, somos enganadas pela falsa sensação de que eles já estão crescidos o bastante e que podem se resolver sozinhos. Ou então, mesmo que tenhamos a certeza de que eles ainda precisam muito de nós, vez ou outra eles tentarão, de forma irritante, nos convencer do contrário.

É claro que à medida que eles crescem as coisas vão ficando mais fáceis. Saber que eles são capazes de tomar o próprio banho, se servir ou até mesmo preparar a própria comida, ir sozinhos para a escola, ou que podem passar uma noite inteira no quarto sem vir à nossa cama, é libertador; mas a adolescência vai muito além desse gostinho de liberdade. É para eles um momento crucial de construção da autoestima, de autoafirmação e aceitação. E nós, ainda que eles não admitam, somos fundamentais nesse processo.

Sempre que o seu coração apertar, lembre-se: eles não admitem porque não sabem disso. Você não deixou de ser importante ou passou a ser dispensável na vida do seu filho. É que as borboletas em suas barrigas, cada vez que eles se apaixonam, fazem algo radical com os amigos, ou até quando descumprem regras e te deixam irritada, são tão fortes e tão importantes nessa fase como o amor que você sente por eles.

E eles precisam do seu amor. Precisam da sua escuta, mesmo quando o assunto é para lá de entediante, porque é nas entrelinhas que eles nos revelam os seus sentimentos. Precisam ainda de momentos de qualidade conosco, de atenção, alguns minutos de conversa no quarto, da sua bênção e do beijo de boa noite.

No auge da adolescência, mesmo que em silêncio, eles podem gritar por nós. E, sim, pode ser difícil pra caramba perceber os sinais durante a rotina que quase nos engole. Equilibrar todos os pratos com as demandas que eles nos trazem, como saúde física e emocional, rendimento escolar, amores não correspondidos, a sensação de não serem bons o bastante em meio ao grupo, e o equilíbrio entre autonomia, liberdade e responsabilidade, assusta.

Mas nós já passamos por isso e sabemos o quão complexo pode ser atravessar essa fase. Lembre-se da jovem que você foi, daquilo que gostaria de ter ouvido, do que ouviu demais, de todas as faltas ou excessos, e busque dentro de você o caminho de afeto para lidar com os seus filhos.

Porque, apesar de sabermos que nossas mães estavam certas quando repetiam mil vezes a mesma coisa ou quando nos davam conselhos, mesmo quando os nossos olhos reviraram, somente hoje nos damos conta disso. Acelerar o processo ou cobrar algo que eles ainda não são capazes de nos dar só causa ainda mais frustração.

A adolescência é o meio do caminho de uma relação que começou a ser construída desde o nascimento e vai se solidificando à medida que eles envelhecem. Por isso, comece hoje mesmo a se conectar com eles. Não importa quantos anos eles tenham, olhe nos olhos, dê abraços apertados e permita que eles tenham a certeza do seu amor. Construa essa confiança, que será insistentemente testada quando eles chegarem à adolescência, para que eles tenham a certeza de que não estão sozinhos.

Há beleza no caminho, minha querida. Acredite.

Estou aqui, com você, no meio da travessia, e o meu peito se acalma quando me lembro de que somos capazes de coisas grandiosas quando o amor nos conduz. Com certeza, com a mais absoluta certeza, chegaremos ainda mais fortes e unidos à próxima fase.

Com carinho,

Giulianna

De: Nelci Castorino

Para: ***Uma mãe que será avó***

Querida mãe,

Escrevo a você hoje para compartilhar como tem sido minha experiência depois que minhas filhas se tornaram adultas e os netos começaram a chegar! Foram muitas mudanças regadas com desafios, recomeços e grandes aprendizados.

Foi um momento muito difícil para meu marido e eu quando nossas filhas se casaram e saíram de casa.

Claro que ficamos felizes por elas estarem vivendo essa nova fase, mas, não posso negar, sentimos muita falta delas.

O maior sentimento era de tristeza com uma sensação latente de casa vazia. Foi uma enorme solidão, afinal estávamos acostumados com a casa cheia, com toda a alegria delas, as conversas na hora do almoço e do jantar, e de repente não tinha mais nada disso. Fiquei sem rumo, sem saber o que fazer, ou para que lado ir... Não foi um período fácil.

Tudo em nossas vidas estava relacionado a elas, desde as preocupações até as alegrias.

Eu sei, minha amiga, que nós, mães, passamos muito tempo com nossos filhos, e num piscar de olhos eles simplesmente crescem e vão embora.

Sabemos que serão para sempre nossos, porém não estarão mais tão perto o tempo todo.

Depois desse turbilhão que passamos no início, o tempo foi passando e elas começaram a gerar novas vidas.

Sabe, minha querida, essa nova fase se acendeu como uma luz de esperança em mim. Afinal, durante as gestações, pude auxiliar cada uma delas. Dediquei-me a estar sempre por perto, e foi um tempo de muita alegria.

Com a chegada dos netos eu senti que renasci! Vivenciei tudo aquilo que enquanto exercia o papel de mãe não conseguia apreciar. Enquanto mãe, minha preocupação era educar, suprir as necessidades, e, em meio às correrias da vida, construir e oferecer o melhor para elas.

Porém, com a chegada dos meus netos, descobri que uma das melhores coisas do mundo é ser avó. Quando me diziam que não tinha um amor maior que o de avó, eu pensava: "Não pode ser maior que o amor de mãe, porque a mãe é a que gera."

Doce engano da minha cabeça! Porque hoje, vivendo todos os momentos pertinho dos meus netos, posso sentir que o amor de avó é imensurável. Estou apreciando a melhor fase da minha vida. E poder participar da infância deles, curtir cada descoberta, cada aprendizado, não tem preço!

Tive o privilégio de acompanhar a chegada de cada uma de minhas netas e de meu neto. Foi tão maravilhoso ajudar a cuidar deles desde que nasceram! Um verdadeiro presente!

Compreendo que os netos também vão crescer, e possivelmente sentirei aquela solidão novamente. Mas hoje, munida desse conhecimento, aproveito ao máximo meu tempo com meus pequenos.

Ser avó é...

Voltar a ser mãe, mas de uma forma (muito) mais tranquila.

Poder aproveitar o ser mãe.

Passear e não esquentar a cabeça com a educação deles, porque os pais farão isso.

Além disso, a parte das despesas, o suprir, não é mais um motivo de preocupação; os pais cuidarão dessa parte.

E, quando acompanhamos cada descoberta das crianças, cada vivência, os avós aprendem junto, uma experiência inexplicável e uma alegria imensa.

Quando olho para minhas filhas hoje, mães e independentes, a sensação é de dever cumprido. É diferente do sentimento de quando elas se casaram e não sabíamos ao certo como seria. Ver cada uma tocando sua vida, educando seus filhos, cada uma à sua maneira, me traz grande tranquilidade.

No momento em que estamos educando nossos filhos, parece que estamos fazendo tudo errado, porque geralmente não vai ao encontro do que os filhos querem.

Mas hoje eu percebo que não fiz tudo errado. Eduquei, e mesmo em meio às dúvidas, pois não sabemos tudo o que nossos filhos pensam, posso me olhar no espelho e me sentir realizada.

Ser mãe, educar, nos faz ter medo de errar, mas hoje me alegro em ver quanto cada uma se desenvolveu.

Olhando para minha vida de mãe que educou, e hoje como avó, penso que a vida é cheia de surpresas. Pois, no momento em que achei que não tinha mais alegria, Deus me presenteou com meus netos.

Para mim foi um suave recomeço. A chegada deles foi como se um novo caminho e novos horizontes se abrissem diante de meus olhos.

Então, minha querida mãe que em breve será avó, eu deixo meu abraço, acolhedor como de mãe, e doce como de avó.

Com amor,

Nelci

De: Eloisa Kulcheski

Para: ***Uma mãe que quer saber o que acontece quando os filhos crescem***

Olá, espero te encontrar bem, com o coração cheio de amor, a vida cheia de riso e abraços, pois é exatamente assim que me sinto ao parar aqui neste momento para te escrever o que sinto sobre meus filhos adultos.

Houve um tempo em que cada frase minha vinha com um ponto de interrogação no final. Apesar disso, nas minhas gestações eu andava abraçada à alegria, certamente a melhor sensação que já pude sentir. Houve um despertar, me sentia iniciada na ventura de ser uma fêmea poderosa. Descobri e entrei em contato com um rio de forte correnteza, que passa por debaixo de mim, que mexeu com toda a água do meu corpo. O feminino e a maternidade me colocaram num lugar de superação e completa conexão com minha essência.

Foi no alvorecer da década de 90 que uma outra mulher foi gerada em meu ventre, e dois meninos vieram mais tarde juntar-se a ela. Fazendo as contas, notei que já sou mãe há mais de trinta anos, e isso me trouxe profunda reflexão.

Num dia destes, enquanto procurava um programa na televisão, passei por um desenho animado, e a música, a voz infantil e o colorido da tela me levaram a um momento de epifania. Fiquei imóvel, pensando e interrogando a mim mesma quando foi que a infância havia deixado a minha casa. Num misto de saudade e felicidade, deixei meu corpo cair no sofá, lentamente olhei para minha sala, inventariando o agora, e me senti como uma visita que veio do passado.

Surpresa, varri com os olhos o ambiente, antes preenchido por brinquedos espalhados pelo chão, materiais escolares pela mesa e farelos de biscoito por toda parte. Agora, organizado e limpo, tudo estava no mesmo lugar desde a última arrumação.

Quando foi que as pinturas rupestres haviam sido apagadas das paredes? Tão diferente de alguns anos atrás, as almofadas não estão jogadas, nem há papel picado, cada coisa está em seu lugar, inclusive meus bibelôs, meus vasos e as toalhinhas bordadas. Até lembrei da minha avó.

Hey, espere, eu sou agora a vovó!

Não tenho mais bebês, fraldas para trocar, não tenho mais que levantar no meio da noite, minha coleção de pedras e cristais coloridos podem ficar na mesa de centro, a televisão está disponível, e em meus passeios posso levar somente uma pequena bolsa.

Minha vida passou como um filme. Quando foi que eles cresceram?

Um arrepio subiu do cóccix até a minha nuca. A lembrança do passado recente me trouxe algumas conversas com meus filhos agora adultos, e percebi o quanto a vida deles é, de fato, deles!

Minha filha já pariu três vezes, já passou por cinco gestações, e eu caminhei ao seu lado. Mas agora sou a espectadora. Ela tem seu palco, ela escolhe as peças do jogo, e eu estou na primeira fila, e até contribuo, escuto, choro junto e festejo todas as suas vitórias. Assim também com os meus meninos, já dois jovens.

É um novo tempo. Tempo de resgatar alguns planos interrompidos, tempo de andar devagar, saboreando cada instante com a sabedoria adquirida até aqui e ser companheira, em primeiro lugar, de mim mesma.

Eu percebi, nessa epifania, que ser mãe de filhos adultos é aprender a soltar, a deixar ir com liberdade e ficar na paz de quem fez o seu melhor, que talvez não tenha sido o esperado por todos, no entanto, foi o maior amor que senti e manifestei na vida.

Também observei que o amor cresceu na mesma proporção que o tamanho físico deles, e que ainda ocupa todo o meu ser, cada célula do meu corpo, e jamais diminuirá. Pelo contrário, sinto que a cada lágrima e sofrimento pelo qual eles passam, dói em mim como lâmina atravessando o coração. Mas não se preocupe, na mesma proporção sinto um manancial de coragem que me transformou em uma espécie de guardiã, ou guerreira, talvez heroína — não sei ao certo qual palavra define esse poder, mas é algo assim.

Eu aprendi também que, quando os filhos seguem guiando seus próprios passos, a nós mães cabe abençoar com um tipo de amor desse manancial de coragem, que se desprende sem qualquer tipo de cobrança, um amor calmo, alegre e sempre pronto a acolher, ouvir, falar e novamente deixar ir, entre um café e outro, entre seu mestrado ou doutorado, entre sua nova carreira ou suas viagens com o seu companheiro ou suas amigas.

Porque deixar ir a presença amada, contudo guardá-la sempre no coração, é deixar crescer.

Foi uma honra juntar essas palavras e deixar um pouco do que há de mais sagrado em mim com você. Que o grande oceano de amor materno que une nossas experiências, às vezes tão anônimas, possa ser nossa fortaleza, num único idioma, numa única voz, doce, amorosa, protetora e sempre viva.

Siga sempre seu coração, e até breve, pois os assuntos da maternidade rendem muito e sempre teremos saberes a trocar.

Eloisa

SOBRE AS AUTORAS

Aline Detofeno
@alinedetofeno

Aline é mãe de três meninos e casada com um homem sonhador que a impulsiona no universo da escrita. Após um breve hiato em suas produções, conseguiu se reerguer e se reencontrar nas palavras. A maternidade a tem resgatado em seus dias, e busca desempenhar com leveza e delicadeza seu maternar, principalmente por estar criando homens que serão adultos em breve, e, baseada em seus princípios e valores, faz com que eles estejam preparados para serem bons e atuantes em todas as áreas da vida.

Amanda Acacio
@m.otherholic

Amanda Acacio Rabachini nasceu na cidade cinza, mas mudou de CEP algumas vezes. Foi lisboeta por um tempo feliz. É casada e mãe de três filhos, e isso diz muito sobre o que gosta de escrever. Desde criança é apaixonada por livros e palavras bonitas. Já publicou textos em dois livros. Escreve algumas histórias enquanto bebe café.

Carollyne Borges
@carolborgespsi

Carollyne Borges, nascida em Rio Verde, Goiás, atualmente mora em Acreúna, interior de Goiás. Psicóloga formada há 10 anos, atua na área social, trabalhando com famílias. Mãe de dois meninos, encontrou na maternidade um caminho de questionamentos em busca de autoconhecimento. Escreve o que vem no coração, e em seu perfil pessoal compartilha suas experiências e anseios como mulher, psicóloga e mãe.

FERNANDA DINIZ
@FERNANDADINIZESCRITORA

Fernanda Diniz é mineira e tem 39 anos. Jornalista e professora por formação, abandonou a carreira em 2013, quando se mudou do Brasil. A vida fora e o mergulho na maternidade lhe trouxeram de volta o hábito de escrever. Construir memórias com seus filhos, Giovanna e Matheus, é um de seus maiores propósitos. É autora do livro *Para Quando Você Crescer,* publicado em 2021, e uma das sócias do Club Escreva, comunidade de incentivo à escrita.

FLÁVIA VILHENA
@FLAVIAVILHENAG

Flávia Vilhena, viajante, advogada, apreciadora da beleza e observadora voraz do cotidiano. Há 6 anos teve sua visão de mundo transformada: tornou-se mãe, o que fez nascer também uma escritora. Escreve para elaborar aquilo que vê e para transformar memórias em palavras. Em 2021 lançou seu primeiro livro: *O menino que foi morar dentro da televisão.* Divulga suas crônicas e poesias em seu site, www.tudoviratexto.com, e em seu Instagram.

GIULIANNA PERROTA
@GIULIANNAPERROTA

Giulianna Perrota é carioca, mãe de dois meninos, e não dispensa uma boa conversa. É formada em engenharia, curiosa e apaixonada pela leitura e escrita. Foi mãe aos 15 e aos 29 anos, e por isso a maternidade já esteve presente na maior parte de sua vida. Enquanto se conecta com a sua família e constrói memórias com os seus filhos, Lucas e Arthur, registra sentimentos e compartilha em seus textos. Giulianna acredita na potência do amor e do riso, reconhece a importância de cada fase, e essa também é a mensagem que busca passar adiante. Vivem em Niterói, Rio de Janeiro, Brasil.

Jéssica Araújo
@jessica.jsa90

Carioca que sempre viveu no Paraná, mãe do Henrique e esposa do Alexandre. Encontrou-se no mundo da escrita após a chegada da maternidade. Participou de algumas coletâneas, e atualmente escreve sobre a intensidade e a leveza da vida em seu perfil no Instagram. Adora tomar um chá e estar em contato com a natureza.

Karine Mattos
@akarinemattos

Karine Mattos é mãe do Daniel, professora, redatora e amiga das palavras desde a infância. Cresceu rodeada de cadernos e desde pequena se apaixonou por palavras. Para ela, escrever é sentir a maternidade nos dedos e ressignificar o que cura e dói.

Lucia Moro
@lucia.f.moro

Autora do romance *Um*, na lista dos livros mais vendidos do Brasil, Lucia é gaúcha que não gosta de chimarrão, casada e mãe de dois filhos, que são seu maior incentivo para buscar uma vida de realizações. Acredita no poder do exemplo, e, por isso, não pode ser metade quando quer criar filhos inteiros.

MALU BOTTA
@MALUBOTTA

Malu é mãe de três meninos que viraram sua vida do avesso e a transformaram por completo. Após a maternidade descobriu que é um amontoado de versões de si mesma, mas é na escrita que ela reúne todos os seus pedaços. Uma das fundadoras do Club Escreva, Malu trabalha inspirando escritores além de espalhar os seus próprios escritos por aí.

MALU PEDROSA
@MAMA.SAPIENS

Mineira, mãe da Clarice e do Bernardo, esposa do Jonathan. Formada em Letras e professora de línguas, encontrou na escrita seu caminho para viver as cores e as dores da maternidade. Entre uma dor e uma cor, e uma pitada de humor, partilha suas crônicas da vida real no seu perfil do Instagram.

MARCELA ROOS
@MARCELAROOS

Marcela Roos é casada, mãe de dois tesouros, engenheira ambiental, estudiosa e fascinada por toda a desconstrução que a maternidade traz consigo. Paranaense, adotada pelo mundo. Atualmente mora em Florianópolis, cidade que os acolhe e faz todo o sentido para a etapa de vida em que estão. A escritora busca a sua melhor versão. Acredita que somos o que repetidamente fazemos. Encontrou inspiração e coragem na maternidade e na escrita para continuar espalhando amor.

márcia souza da rosa
@marcia_souza_da_rosa

Márcia Souza da Rosa é mãe de dois bebês e escritora circunspecta. Sua escrita nasce dos anseios da maternidade e dos aplausos do seu marido. Professora há mais de 20 anos, descobriu há pouco o quanto a arte de viver pode ser uma prática divina.

mariana gomes
@estradasestrabicas

Mariana Gomes é professora de educação física e de alma, fez mestrado na Espanha, doutorado na França, e lá se descobriu escritora, compartilhando detalhes trágicos e cômicos do seu cotidiano. Faixa preta de judô e jiu-jitsu e mãe do Francisco e da Sofia, suas grandes inspirações para as crônicas que segue amando escrever.

marina oliveira
@marina_mpvo

Marina Oliveira tem 4 filhos e é casada há 12 anos com Rafael. Tem no currículo nutrição e pedagogia (não concluído), mas foi a paixão pela escrita que a motivou a fazer alguns cursos e se apaixonar cada vez mais. Ama um bom livro, uma boa música, um bom chá, ou mesmo um bom vinho para acompanhar a boa leitura. Vive 100% para a maternidade, mas com o crescimento dos filhos tem dividido essa porcentagem e tido a oportunidade de novas descobertas e aprendizados.

natália nery

@natdelnery

Natália Nery ama a vida, dias de sol, relações intensas e abraços apertados. Largou a engenharia para ser mãe em período integral de João e Maria. Descobriu na escrita uma forma de expressar seus sentimentos e de compartilhar suas inquietudes se conectando com as demais mulheres. Em seu perfil pessoal, escreve crônicas, confissões e lamúrias sobre a louca jornada de se tornar mãe e se autoconhecer.

nina kliewer

@ninakliewer

Nina Kliewer é mãe da Heidi e do Dominik. Médica veterinária por formação, encontra na escrita uma forma de curar e eternizar experiências e reflexões que a maternidade traz.

priscilla fontes

@portal.materno

Priscilla Fontes é casada com o Felipe e mãe do Caetano e do Antônio. Formada em direito, hoje é estudante de psicologia e mentora parental. Acredita que filho é portal e que a educação respeitosa é o caminho mais potente para a travessia. Escreve por saber que palavras curam.

SARA ANDREOZZI

@SARANASCIMENTOPSICOLOGA

Psicóloga clínica, especialista em psicossomática psicanalítica, pós-graduada em psicologia hospitalar. Autora do livro infanto-juvenil *O relicário da mamãe.* Participou de *Conto por conto: Sentimento Maternal* e de outras quatro antologias. Casada, mãe de Miguel Ângelo. Natural de São Paulo.

STEPHANIE ALIPIO

@STEPHANIEALIPIO

Stephanie Rocha Alipio Zuccheratte é mineira, casada com Bruno, mãe do Gabriel e do Mateus. É mestre em direito, mas foi com a maternidade que se redescobriu, encontrando na escrita seu lugar e propósito. O desejo de levar acolhimento e leveza para outras mulheres e mães deu asas às suas palavras, que agora voam por aí buscando pousos em outros corações.

URSULA COLI

@URSULACOLI

Carioca que lia todo o jornal (de papel) na praia e sempre amou escrever. Em 2011, iniciou o sonho da família própria, com Nicolas. Gui veio energizar a vida em 2012. Em 2015, foi surpreendida com gêmeos: Pedro e Chloe. Tendo morado em cinco países, Ursula cultiva os galhos internacionais, sem se esquecer das raízes brasileiras. Aos 40 anos, se assumiu escritora e fundou o Club Escreva, um espaço para inspirar a escrita e a leitura. E, às vezes, ainda consegue ler na praia — pelo celular — entre um e outro "mãe, olha!".

autoras convidadas

eloisa kulcheski
@territoriodosol

Estreou na arte literária ao produzir três pequenos livros artesanais para os filhos Nicoly, Renan e Eduardo. Depois disso nunca mais parou de produzir conteúdo para o canal *Território do Sol*, no YouTube. Além disso, se divide entre os encantos de ser a vovó do Ravi, da Brigite e do Lírio, e a escrita inspirada no seu trabalho como terapeuta. É autora da biografia *Jeny: Minha História* e o *Diário da Jornada da Heroína, o resgate de si mesma.*

nelci castorino
@nelcicastorino

Nelci Castorino, esposa do Valdeci, mãe da Mirian, da Liliane e da Vivian, avó de sete netos. Mulher sábia, de muita fé, dona de um coração alegre e acolhedor. Uma empreendedora persistente e que adora uma leitura.

Leia também, da Editora Inverso:

MATERNIDADE POSSÍVEL

Crianças são seres autônomos, competentes e incríveis! Assim, precisamos aprender a ampliar nosso olhar em relação a elas, refletindo sobre a nossa postura e como isso possibilita uma mudança de cultura da infância e de mundo. *Maternidade Possível* trata da percepção singela de uma mulher, mãe e pedagoga, a partir da observação sobre a convivência socioemocional desenvolvida na relação materna.

A MINIGUERREIRA E O GRANDE MILAGRE

BILÍNGUE PORTUGUÊS-FRANCÊS
CAPA DURA

Em pleno carnaval uma miniguerreira nasceu.
E mesmo sem querer, no hospital permaneceu.
No lugar do colo, vários fios e uma almofadinha.
No lugar do berço, uma estranha de uma caixinha.
Seu sonho era crescer, e em vida permanecer.
Mas parece que a aventura estava só começando.
O que será que vai acontecer?